醬
ひしお

の発酵料理帖

神楽坂発酵美人堂
清水紫織

山と溪谷社

はじめに

この本を手に取ってくださった皆さま、ありがとうございます。
「醬」を知らなかった、という方も多いかもしれません。

この数年で腸活や発酵が広く知れ渡るようになり、
昔から私たちの暮らしと共にあった「米麹」の素晴らしさが再認識されています。
それはお酒造りにはじまり、和食の調味料全般に使われ、
目に見えない微生物たちの存在を形あるものとして教えてくれる神秘的な世界。
とても魅力的ですよね。

でもじつは、麹は米だけではありません。
麦や大豆、各地域で多く収穫される穀物を麹にして
私たちの祖先は食文化をつくってきました。
その技術こそが、世界一ともいわれる美食の国、日本のはじまりなのかもしれません。

本書では、私がはじめて「ひしお麹」を知り、
そのうまみのすごさに胸を打ち抜かれてから約15年、
毎日欠かさず作ってきた日々の醬料理をご紹介しています。
麹といえば和食のイメージが強いかもしれませんが、
和洋中とさまざまに展開し、ついついお酒がすすむメニューも。

皆さんが「ひしお麹」に出合い、そのおいしさに恋をして、
米麹とともに次世代、次々世代へと受け継がれていくことが私の夢です。
時代とともに料理も変化します。
でも基本の調味料はきっと変わることがありません。
麹とは切っても切り離せない縁の私たち。
どうぞ「醬」も自由な発想でお使いいただき楽しんでください。
そして、「こんなお料理にもおいしかったよ！」と、私にも教えてくださいね。

神楽坂発酵美人堂
清水紫織

醬の基本
ひしお

醬とは

豆麹と麦麹を混ぜた「ひしお麹」に、しょうゆと水、昆布を加えて発酵させた万能調味料を「醬」（本書では「しょうゆ醬」）といいます。醬は万葉集にも登場するほど歴史が古く、とくに麦を多く栽培していた地域で作られてきました。

醬が中国から伝わった当初は、魚や肉を原料とする「魚醬」や「肉醬」、海藻を原料とする「藻醬」など、麹を用いず塩を加えて発酵させる調味料が作られました。なかでも米や小麦、大麦など穀物と塩で作る「穀醬」は、弥生時代に始まった稲作の浸透で菜食が主体となった日本の食生活によく合ったこと、またほかの醬調味料より保存性が高かったことから日本で独自に発展し、しょうゆやみそのルーツといわれています。

醬の仕込みに欠かせない主材料「ひしお麹」は、米麹より栄養価が高くうまみ成分も豊富。そのひしお麹で作る発酵調味料を料理に使うと、味に奥行きと深みが生まれます。「漬ける」「加熱する」「和える」「かける」などシンプルな調理法で味がバシッと決まるのも、醬の魅力のひとつです。

ひしお麹と米麹の違い

ひしお麹

豆麹と麦麹をブレンドしたもので、強いうまみを持つ。大豆はタンパク質を豊富に含み、発酵させることで消化吸収がスムーズに。大麦は水溶性食物繊維と不溶性食物繊維のバランスがよく、便秘改善に有効。食物繊維の一種、β-グルカンも含み、ダイエットや生活習慣病の予防も期待できる。

用途
本書ではしょうゆ醤、玉ねぎ醤、にんにく醤、中華醤、発酵マヨネーズ、発酵ケチャップ、発酵カレールー、発酵バジルソースなど各種発酵調味料に使用。

米麹

蒸した白米に麹菌を繁殖させたもの。麹菌が出す酵素が米のでんぷんを分解してブドウ糖に変えるため、まろやかな甘みと風味が生まれる。発酵の過程で生成される酵素やビタミン、アミノ酸が豊富に含まれており、消化吸収を助けてすぐにエネルギーに換わる。

用途
塩麹や玉ねぎ麹をはじめとする発酵調味料、米みそ、甘酒、日本酒、べったら漬けなどに使用。クセが少ないので、食材の風味を生かした調理に。

醤のメリットは？

◎ 手軽に作れて保存性が高い。
◎ ジャンルを選ばず料理の味がバシッと決まる。
◎ 腸内環境を整え、免疫力を高める。

仕込むさいの注意点

納豆菌について

納豆に含まれる納豆菌は強力で繁殖力が強いため、醤に菌が入ると味が落ちてしまう。仕込む前や料理に使うときは、納豆に触れないように注意が必要。

アルコール発酵について

醤の出来上がりの目安は「甘い香りがしてきたら」。ただし、常温に長くおきすぎると酵母菌がアルコールを産生してお酒のような香りに。食べても体に害はないが、アルコールを含むのでお酒に弱い方やお子さんは避けるか、加熱して使用する。とくに気温の高い夏場は注意が必要。完成後は冷蔵庫で保管する。

本書で紹介する醬（ひしお）

まずは幅広く使える
基本の「しょうゆ醬」と「玉ねぎ醬」から仕込みましょう。
おいしさや便利さを実感できたら
2種をベースにして作るアレンジ醬をお試しください。

基本の醬

しょうゆ醬

作り方→p.14

ひしお麹にしょうゆ、水、昆布を混ぜて発酵させるベーシックな調味料。しょうゆに大麦と大豆のうまみ、甘みが加わり、料理の味つけやコク出しに重宝します。昆布を入れているのでだし代わりにも。しょうゆよりもまろやかで、そのままたれにもなります。しょうゆの代わりとして毎日の料理に取り入れやすく、発酵料理が手軽に作れます。

しょうゆ醬で作るアレンジ醬

にんにく醬

作り方→p.52

しょうゆ醬にすりおろしたにんにくを混ぜるだけ。生のにんにくのツンとした香りや辛みが醬のうまみでマイルドになり、加熱してもしなくてもおいしく食べられます。肉の漬け込みやたれなど幅広く活躍。にんにくチューブより使い勝手がよく、作っておけば何かと重宝します。

キムチの素

作り方→p.52

しょうゆ醬と唐辛子のほかに、甘酒やりんご、にんにく、ナンプラーなどを配合。砂糖を使わないやさしい甘みで、辛みの中にうまみとコクがしっかり感じられる味わいです。鍋や和え物に、また野菜や魚介に混ぜるだけで自家製キムチが作れる万能さも魅力です。

基本の醤

玉ねぎ醤

作り方→p.15

ひしお麹と塩、すりおろした玉ねぎを混ぜて発酵させることで、玉ねぎのうまみが倍増。コンソメのような豊かな香りと深い味わいが特徴です。お湯を注ぐだけでうまみたっぷりのスープになり、卵焼きに入れても抜群においしくなります。うまみ調味料やだし、炒め玉ねぎの代わりにも使え、和洋中、さまざまな料理の味つけやコク出しに活躍します。

玉ねぎ醤で作るアレンジ醤

中華醤
作り方→p.52

玉ねぎ醤に長ねぎと干しえび、しょうが、にんにくを加えた無添加の中華調味料です。玉ねぎ醤のうまみと甘み、干しえびのだし、香味野菜の香りが一体になり、中華だし、鶏がらスープの代わりにも。これひとつでおうち中華を格上げできます。

発酵マヨネーズ
作り方→p.53

卵を使わず玉ねぎ醤に豆乳とりんご酢、米油を加えて作る植物性のヘルシーな発酵マヨネーズ。軽やかでやさしい味わいながら、コンソメ代わりにもなる玉ねぎ醤でコクもしっかり。さらりとしていてヨーグルトのようなさわやかさを併せ持ったマヨネーズ。

発酵ケチャップ
作り方→p.53

玉ねぎ醤にトマトピューレとはちみつ、スパイスを混ぜ、加熱なしで手軽に作れます。玉ねぎ醤のおいしさで尖った塩けや甘みがなく、酸味とうまみのバランスが絶妙。トマトソースより濃厚でケチャップよりマイルドです。料理の隠し味にもおすすめ。

発酵カレールー
作り方→p.53

ブイヨン代わりになる玉ねぎ醤にカレー粉を混ぜるだけの即席ルー。油や小麦粉を使っていないので、とってもヘルシーです。サラッと仕上げるスパイスカレーにも。炒め物や和え物、カレーうどんにと幅広いアレンジが可能です。

発酵バジルソース
作り方→p.53

バジル、オリーブ油、松の実、にんにくと、基本の材料はバジルソースと同じですが、玉ねぎ醤を加えることで油の量をグッと減らした軽いソースに。油が少ないぶんバジルの風味が引き立ち、玉ねぎ醤のうまみで味もしっかり決まります。

基本の醤(ひしお)のおいしい使い方

うまみたっぷりでベーシックな「しょうゆ醤」「玉ねぎ醤」は
使い勝手が抜群。いつもの調味料に置き換えるだけで
料理の味が決まり、時短調理にもつながります。

漬ける
レシピはp.17〜

食材に基本の醤を塗ったり、もみ込んで漬けおきするだけでおいしい発酵料理が作れます。肉や魚は醤の酵素でやわらかくなり、うまみもアップ。野菜を漬けて浅漬けのように楽しむのもおすすめです。

加熱する
レシピはp.17〜

基本の醤で下味をつけた食材を、焼いたり揚げたり、加熱することでまろやかな味に。発酵調味料ならではの芳潤な香りも引き立ちます。また煮物やスープに加えるとだし代わりになります。

和える
レシピはp.43〜

切る、ゆでる、焼くなどの下ごしらえをした食材を、基本の醤で和えるだけで気の利いたひと品に。旬の野菜や果物ともなじみがよく、ほかの調味料やスパイスを合わせてアレンジも楽しめます。

かける
レシピはp.43〜

ドレッシングやたれ、ソースに基本の醤を加えて食材にかけると、味に深みが生まれておいしさもランクアップ。基本の醤とアレンジ醤を合わせれば、うまみの相乗効果は無限大です。

毎日食べたい！
いちばん手軽な使い方

発酵食品は毎日摂取してこそ、体にいい効果が得られます。
醤を基本の調味料やたれに置き換えれば手間なく使えて体にもうれしい。
料理とはいえない簡単なものでもひとさじの醤でごちそうに！

納豆の
たれ代わりに

卵かけごはんの
たれに

冷ややっこに
のせて

焼き魚に添えて
大根おろしとともに

PART 1
基本の醤（ひしお）と発酵料理

2 ——	はじめに
4 ——	醤（ひしお）の基本
6 ——	本書で紹介する醤（ひしお）
8 ——	基本の醤（ひしお）の 　　　おいしい使い方
12 ——	本書の決まりごと 　　　・保存容器について

基本の醤

14 ——	しょうゆ醤
15 ——	玉ねぎ醤

漬ける／加熱する

17 ——	しょうゆ醤	豚ロースのりんごソース
18 ——	玉ねぎ醤	鶏むね肉のシンプル醤焼きと 　　野菜のハーブオーブン焼き
20 ——	しょうゆ醤	合びき肉のコロッケ
22 ——	玉ねぎ醤	牛肉のビネガーカツレツ
24 ——	しょうゆ醤	牛肉とトマトのスープ
25 ——	玉ねぎ醤	大根と卵のスープ
26 ——	しょうゆ醤 玉ねぎ醤	ローストビーフ
28 ——	玉ねぎ醤	鮭のドフィノア風
29 ——	玉ねぎ醤	玉ねぎ醤のリゾット
30 ——	しょうゆ醤	シーフードチヂミ 　　・にら醤だれ
31 ——	しょうゆ醤	鶏の照り焼き
32 ——	玉ねぎ醤	白身魚のソテー バターオニオンソース
33 ——	玉ねぎ醤	トマトソースのパスタ
34 ——	しょうゆ醤	肉じゃが
35 ——	しょうゆ醤	酢豚
36 ——	玉ねぎ醤	シーフードパエリア
38 ——	しょうゆ醤	春雨炒め 　　まいたけの醤マスタード炒め
40 ——	玉ねぎ醤	やみつきポテトフライ 　　ジャーマンポテト

和える／かける

43 ——	しょうゆ醤	ほうれん草の醤和え
44 ——	玉ねぎ醤	柿の白和え風
45 ——	玉ねぎ醤	きゅうりとディルのサラダ
46 ——	しょうゆ醤	冷やしピーマン醤 　　アンチョビオリーブの豆腐カプレーゼ
47 ——	玉ねぎ醤	トマトのフレッシュスープ 　　・温製スープの作り方

PART 2
アレンジ醤と発酵料理

アレンジ醤

52 —— にんにく醤
　　　キムチの素
　　　中華醤
53 —— 発酵マヨネーズ
　　　発酵ケチャップ
　　　発酵カレールー
　　　発酵バジルソース

にんにく醤を使って

54 —— 鶏肉のにんにく醤唐揚げ
56 —— 鶏手羽元と卵の黒酢にんにく醤煮
57 —— たこのカルパッチョ

キムチの素を使って

58 —— キムチチゲ
　　　・簡単白菜キムチ
60 —— ヤンニョムチキン
61 —— 切り干し大根のアチャール
　　　長いもといかのキムチ

中華醤を使って

62 —— 餃子
64 —— 町中華のチャーハン
　　　・自家製紅しょうが
65 —— チャーシュー麺
67 —— 自家製チャーシュー
　　　・焼肉のたれ
68 —— 炊飯器カオマンガイ
69 —— チンゲンサイと卵の炒め物
70 —— 中華粥
　　　きゅうりとささみの中華和え
　　　エリンギのナムル
　　　パプリカのナムル

発酵マヨネーズを使って

74 —— えびマヨ
76 —— チキン南蛮
　　　・タルタルソース
77 —— 鯖のリエット

発酵ケチャップを使って

78 —— ミートボール
80 —— ポークチョップ
81 —— チリコンカン

発酵カレールーを使って

82 —— バターチキンカレー
84 —— 野菜のビリヤニ

発酵バジルソースを使って

86 —— ガパオライス
88 —— じゃがいもとアスパラの炒め物
89 —— マッシュルームとズッキーニ、
　　　パルミジャーノのサラダ

COLUMN

48 —— 味が決まるだし醤
72 —— 基本の醤で作るドレッシング
90 —— 自家製佃煮と梅醤

92 —— 基本の材料
　　　・調味料の選び方のPOINT

94 —— 材料別INDEX

本書の決まりごと

- 計量単位は、小さじ1は5㎖、大さじ1は15㎖、1合は180㎖です。
- 野菜はとくに記載がなければ、洗う、皮をむく、ヘタを取るなどの下処理を済ませてから調理に入ってください。
- 「塩」は自然塩、「しょうゆ」は濃口しょうゆ、「酒」は純米酒、「バター」は有塩バター、「オリーブ油」はエキストラヴァージンオリーブ油を使用しています。ただし、加熱調理の場合はエキストラヴァージンでなく、普通のオリーブ油でかまいません。
- 甘みは「はちみつ」「本みりん」「甘酒」を使っています。
- 火加減と加熱時間は目安です。様子を見ながら調節してください。
- 電子レンジの加熱時間は600Wを使用した場合の目安です。
- オーブンの加熱時間は機種によって多少の差が出ることがあります。
- レシピにある保存期間は目安です。
- 醬の仕込みには、消毒をした清潔な保存容器とスプーンを使用します。詳しくは以下を参照してください。

保存容器について

おすすめの容器

しっかり密閉できるふたつきの保存容器がおすすめ。ハンドブレンダーを直接差し込める広口タイプの容器だと便利。左は広口設計で使いやすいチャーミークリアー(800㎖)[セラーメイト]。右の保存容器(400㎖)は、アレンジ醬(p.52・53)など少なめの分量で作る醬に。

消毒の仕方

本体とふたをきれいに洗って水けをしっかり拭き取り、食品用アルコールスプレーを容器の中と口まわり、ふた、あればパッキンに吹きかける[a]。ペーパータオルで拭き取り[b]自然乾燥させる。

PART 1
基本の醤（ひしお）と発酵料理

BASIC HISHIO

基本の醤

しょうゆと玉ねぎ、ひしお麹で作る2種の醤。
どんな料理もおいしくなるうまみ爆弾です。

SHOYU HISHIO

しょうゆ醤

まろやかでコクがあり、うまみたっぷり。
しょうゆ代わりに幅広く使えます。

材料
◎作りやすい分量（800mℓの保存容器1本分）

ひしお麹……200g
しょうゆ……200mℓ
水……100mℓ
昆布……5cm

作り方

清潔な容器に材料をすべて入れる。

清潔なスプーンで、全体がなじむまでよく混ぜる。ふたをして直射日光を避けて室温におき、1日1回よく混ぜる。暑い時期は7日ほど、寒い時期は最長14日ほどおいて発酵させる。

水分を吸った麹がふくらんで表面から出ても、毎日混ぜれば発酵が進むにつれしっとりなじむ。水分が足りず混ぜにくい場合は、しょうゆ：水＝2:1の割合で追加して調整するとよい。

＼発酵完了／

麹がやわらかくなり、全体にとろみがつき、甘い香りがしてきたら完成。冷蔵庫に移して保存する。

保存：冷蔵で6か月、冷凍で7か月ほど。

ヨーグルトメーカーで作る場合
付属の容器にすべての材料を入れて全体がなじむまでよく混ぜ、温度を40℃に設定して24時間保温する。途中、数回かき混ぜる。清潔な容器に移してふたをし、冷蔵庫で保存する。

使ったあとは……
容器の口のまわりに醤がついているとカビの原因になるので、醤を使ったあとはペーパータオルで口のまわりをきれいに拭いてからふたを閉め、保存する。

玉ねぎ醤

コンソメのように手軽に使える万能調味料。
ペースト状にすることで用途が広がります。

ONION HISHIO

PART 1 基本の醤（ひしお）と発酵料理

材料
◎作りやすい分量（800mlの保存容器1本分）

ひしお麹……130g
玉ねぎ……400g（正味）
新玉ねぎでも作れるが、玉ねぎの風味やうまみが少ないため、あっさりとした仕上がりになる。
塩……40g

作り方

1 玉ねぎはざく切りにし、フードプロセッサーに入れてとろとろになるまで撹拌する。
おろし器ですりおろしてもOK。水分を出すことが大切なので、包丁でみじん切りにするのはNG。

2 清潔な容器に材料をすべて入れる。

3 清潔なスプーンで、全体がなじむまでよく混ぜる。ふたをして直射日光を避けて室温におき、1日1回よく混ぜる。暑い時期は3～5日、寒い時期は最長7日ほどおいて発酵させる。

ヨーグルトメーカーで作る場合
付属の容器に**1**の撹拌した玉ねぎと残りの材料を入れ、全体がなじむまでよく混ぜる。温度を40℃に設定して、途中、数回かき混ぜながら24時間保温する。清潔な容器に移して**5**と同様に撹拌し、ふたをして冷蔵庫で保存する。

4 麹がやわらかくなり、コンソメのような香りがしてきたら完成。

5 ハンドブレンダーでなめらかなペースト状になるまで撹拌し、ふたをして冷蔵庫で保存する。
保存：冷蔵で4か月、冷凍で5か月ほど。

漬ける

加熱する

HISHIO / HAKKO

PART 1 基本の醤(ひしお)と発酵料理

しょうゆ醤

豚ロースのりんごソース

しょうゆ醤でうまみが増した豚肉と
甘酸っぱいりんごソースがよく合います。

漬ける
30分〜ひと晩

材料
◎2人分

豚ロース肉(とんかつ用)……2枚(約240g)
塩、こしょう……各少々
しょうゆ醤(p.14参照)……大さじ2
りんご……1/2個

A ┌ 白ワイン……50mℓ
　├ りんご酢……大さじ1
　├ はちみつ……小さじ2
　├ しょうがの搾り汁……小さじ1
　├ 塩……小さじ1/2
　└ しょうゆ……少々

オリーブ油……小さじ1
白ワイン……50mℓ
ラディッシュ(好みで/縦半分に切る)
……2個

作り方

1. 豚肉はペーパータオルで水けを拭き取り、バットに入れて両面に塩、こしょうをふる。両面にスプーンでしょうゆ醤を等分に塗り[a]、ラップで表面をぴっちり覆い、冷蔵庫で30分〜ひと晩ねかせる。

2. りんごは皮をむいて芯を除き、粗みじん切りにする。

3. フライパンに2とAを入れて弱めの中火にかけ、木べらで混ぜながら2分ほど煮ていったん取り出す。

4. 3のフライパンをさっと洗って拭き、オリーブ油をしいて中火で熱する。1の豚肉を入れて両面に焼き色がつくまで焼き[b]、白ワインを加えてふたをする。1分ほど蒸し焼きにして火を通し、器に盛る。

5. 4のフライパンに3を戻し入れ、残った肉汁がなくなるまで中火で煮詰めてソースを作る[c]。4の豚肉にかけて、好みでラディッシュを添える。

PART 1 基本の醤(ひしお)と発酵料理

[玉ねぎ醤]

鶏むね肉のシンプル醤焼きと野菜のハーブオーブン焼き

パサつきがちな鶏むね肉も玉ねぎ醤でしっとり。
うまみが増してシンプルに焼くだけでおいしくなります。

漬ける 30分〜ひと晩

材料
◎2人分

鶏むね肉のシンプル醤焼き
鶏むね肉 …… 1枚(約250g)
塩、こしょう …… 各少々
玉ねぎ醤(p.15参照) …… 大さじ3

野菜のハーブオーブン焼き
木綿豆腐 …… 1丁(300g)
赤かぶ(またはかぶ) …… 1個
れんこん …… 1/3節
赤パプリカ …… 1/4個
玉ねぎ醤(p.15参照) …… 大さじ2
オリーブ油 …… 大さじ1
塩 …… 少々
タイム、ディル(ちぎる) …… 各適量
生のハーブの代わりに、ドライハーブミックスでも。

作り方

1 鶏むね肉のシンプル醤焼きの準備をする。鶏肉は皮を除いてペーパータオルで水けを拭き取り、バットに入れて両面に塩、こしょうをふる。両面にスプーンで玉ねぎ醤を等分に塗り[a]、ラップで表面をぴっちり覆い、冷蔵庫で30分〜ひと晩ねかせる。
4でフライパンで調理する場合、鶏肉は皮つきのままで身側にだけ玉ねぎ醤大さじ2を塗る。

2 野菜のハーブオーブン焼きの準備をする。豆腐はペーパータオルで包み、30分以上おいて水きりし、2cm角に切る。かぶ、れんこん、パプリカは食べやすい大きさに切る。

3 ボウルに玉ねぎ醤、オリーブ油を入れてよく混ぜ合わせ、2の野菜を加えて全体を和える。豆腐を加え、豆腐が崩れないようにざっくりと和える[b]。

4 オーブンを170℃に予熱する。天板にオーブンシートを2枚敷き、1枚のシートに**1**をおいてもう1枚のシートに**3**を重ならないように並べ入れる。野菜全体に軽く塩をふってタイムとディルをのせ、オーブンに入れて15〜20分焼いて取り出す[c]。
フライパンで加熱する場合は鶏肉の皮目を下にして入れ、ときどき上下を返しながら中火でじっくり焼いて火を通し、一度取り出す。玉ねぎ醤を塗った部分が焦げやすいので火加減に注意。続けて、きれいにしたフライパンにオリーブ油(分量外)をしいて中火で熱し、**3**を並べてハーブをのせ、あまり動かさずに両面を焼く。仕上げに軽く塩をふる。

5 鶏肉を食べやすい厚さに切り、野菜のハーブオーブン焼きとともに器に盛る。

しょうゆ醤

合びき肉のコロッケ

ひき肉にしょうゆ醤を混ぜ込んでうまみをプラス。
ぺろっと食べられるおいしさです。

漬ける
30分〜ひと晩

PART 1 基本の醤(ひしお)と発酵料理

材料
◎2人分

合いびき肉 …… 100g
A [しょうゆ醤(p.14参照) …… 大さじ1
    塩 …… ひとつまみ]
じゃがいも …… 3個(約300g)
バター …… 10g
玉ねぎ(みじん切り) …… 1/2個分
塩 …… 小さじ1/2
ナツメグ、こしょう …… 各少々
薄力粉、溶き卵、パン粉 …… 各適量
揚げ油 …… 適量

作り方

1 ボウルにひき肉を入れ、Aを加えてゴムべらで混ぜ[a]、ラップをかけて冷蔵庫で30分〜ひと晩ねかせる。

2 じゃがいもは皮をむき、ひと口大に切る。鍋に湯を沸かしてじゃがいもを入れ、中火で竹串がすっと通るまでゆでて湯を捨てる。再び中火にかけて鍋を揺すりながら水けを飛ばし、木べらで鍋底から返しながら混ぜて粉吹きにする[b]。

3 フライパンにバターを入れて中火で溶かし、玉ねぎを入れて炒める。透きとおってきたら1を加え、肉の色が変わるまで炒める。

4 2をボウルに入れてマッシャーでつぶし、3、塩、ナツメグ、こしょうを加えてよく混ぜる。

5 6等分してボール状に丸め[c]、薄力粉、溶き卵、パン粉の順に衣をつけてバットに並べる[d]。

6 フライパンに揚げ油を3cm深さに入れて中火にかけ、170℃に熱する。5を入れてときどき転がしながらきつね色になるまで揚げ、器に盛る。
好みでウスターソースをかけてもおいしい。

[玉ねぎ醤]

牛肉のビネガーカツレツ

薄く伸ばした牛肉に玉ねぎ醤を塗ってねかせ、
酢をかけて揚げれば、さっぱりとした味わいに。

漬ける
30分

材料
◎2人分

牛ステーキ肉 …… 2枚(約260g)
塩、こしょう …… 各少々
玉ねぎ醤(p.15参照) …… 大さじ2
米酢 …… 大さじ2
A ┌ 薄力粉 …… 大さじ3
  │ 溶き卵 …… 1個分
  └ 水 …… 大さじ1
B ┌ パン粉 …… 適量
  └ 粉チーズ …… パン粉の1/2量
揚げ油 …… 適量
パセリ(好みで/みじん切り) …… 適量
クレソン(好みで) …… 適量

作り方

1 牛肉はペーパータオルで水けを拭き取り、1枚ずつ広げたラップにおいて両面に包丁で格子状に細かく切り目を入れる。両面に塩、こしょうをふって上からラップをかぶせ、麺棒で叩いて5㎜厚さくらいに伸ばす[a]。

2 ラップをはずしてバットに入れ、両面にスプーンで玉ねぎ醤を塗り[b]、ラップで表面をぴっちり覆って冷蔵庫で30分ねかせる。

3 2のラップをはずして米酢をかけ、3分おいてペーパータオルで水けをおさえる。

4 別のバット2つにAとBをそれぞれ入れて混ぜ合わせ、3をA、Bの順に入れて両面に衣をつける。

5 フライパンに揚げ油を3㎝深さに入れて中火にかけ、170℃に熱する。4を1枚ずつ入れて両面を3〜4分ずつ揚げ焼きにする[c]。

6 器に盛り、好みでパセリを散らしてクレソンを添える。

a

b

c

PART 1 基本の醤(ひしお)と発酵料理

しょうゆ醤

牛肉とトマトのスープ

しょうゆ醤と醤に漬け込んだ牛肉のうまみで
だしを使わなくても奥深い味に。

漬ける
30分〜ひと晩

材料
◎2人分

牛切り落とし肉……80g
しょうゆ醤(p.14参照)……小さじ2
ミニトマト……6個
玉ねぎ……1/2個
しょうが……1かけ
A [水……400mℓ
　　しょうゆ醤(p.14参照)……大さじ2]
塩……少々
花椒パウダー(ホワジャオ)(好みで)……少々

作り方

1. ポリ袋に牛肉としょうゆ醤を入れ、袋の上からもみ込み、口を結んで冷蔵庫で30分〜ひと晩漬ける。

2. ミニトマトはヘタを取って横半分に切り、玉ねぎは1cm幅のくし形切り、しょうがはせん切りにする。

3. 鍋にA、2を入れて中火にかけ、煮立ったら火を弱めて5分煮る。1を加えて中火でひと煮立ちさせて塩で味をととのえる。器に盛り、好みで花椒パウダーをかける。

PART 1 基本の醤(ひしお)と発酵料理

玉ねぎ醤

大根と卵のスープ

コンソメ代わりに使える玉ねぎ醤のおいしさを
ストレートに味わえるひと品です。

材料
◎2人分

大根 …… 120g
生しいたけ(石づきを取る) …… 1枚
A｜水 …… 400ml
　｜玉ねぎ醤(p.15参照) …… 大さじ2
塩 …… 小さじ1
こしょう …… 少々
溶き卵 …… 1個分
オリーブ油 …… 少々

作り方

1 大根と生しいたけは、それぞれ1.5cm角に切る。

2 鍋にAを入れて中火にかけ、煮立ったら1を加え、大根がやわらかくなるまで煮る。アクが出てきたら取り、塩、こしょうで味をととのえる。

3 溶き卵を回し入れ、卵がふんわり浮いたら火を止めてオリーブ油を回し入れる。

しょうゆ醤 玉ねぎ醤

ローストビーフ

漬け込みにしょうゆ醤、ソースに玉ねぎ醤を使い炊飯器で仕上げるレシピです。

漬ける
2〜3日

材料
◎作りやすい分量

牛もも肉(約4cm厚さのもの)……300g
塩……少々
A ┌ **しょうゆ醤**(p.14参照)……大さじ2
　├ みりん……100ml
　└ ローリエ……1枚
オリーブ油……少々
フリルレタス(好みで)……適量

ソース
赤ワイン……100ml
玉ねぎ醤(p.15参照)……大さじ2
しょうゆ……大さじ1
にんにく(すりおろし)……1/3かけ分
八角……1個
塩……ひとつまみ

作り方

1 牛肉はペーパータオルで水けを拭き取り、全面に塩をふって10分ほどおき、出てきた水分を拭き取る。ポリ袋にA、牛肉を入れて袋の上から軽くもみ込み、空気を抜いて口を結んで[a]冷蔵庫で2〜3日漬ける。

2 調理の1時間ほど前に1を冷蔵庫から出して室温に戻す。袋の口を開いて[b]牛肉を取り出し、ペーパータオルで汁けを拭き取る(漬け汁全量はソース用に取っておく)。

3 フライパンにオリーブ油をしいて中火で熱し、2を入れて全面に軽く焼き色をつけて取り出す。

4 新しいポリ袋に3を入れ、空気を抜いて口をしっかり結び、さらにジッパーつき保存袋に入れて空気を抜いて口を閉じる。

5 炊飯器の内釜に70℃くらいの湯を注ぎ、4を袋ごと入れる。浮かないように皿などで重石をし[c]、ふたをして30分ほど保温する。袋から牛肉を出して粗熱をとり、ラップで包んで食べるまで冷蔵庫でねかせる。

オーブンで焼く場合は、オーブンシートを敷いた天板に3をのせて140℃に予熱したオーブンで20分焼く。すぐに取り出してアルミ箔で肉を包み、そのままおいて休ませる。粗熱がとれたらアルミ箔をはずしてラップで包み直し、冷蔵庫で食べるまでねかせる。

6 ソースを作る。3のフライパンに2で取っておいた漬け汁とソースの材料をすべて入れ、中火にかけてとろみがつくまで煮詰める。容器に移して粗熱をとり、食べるまで冷蔵庫でねかせる。

7 5のラップをはずして好みの厚さに切り[d]、器に盛る。好みでフリルレタスと6のソースを添え、肉にソースをかけていただく。

PART 1 基本の醬（ひしお）と発酵料理

玉ねぎ醤

鮭のドフィノア風

じゃがいもを牛乳と玉ねぎ醤で煮てソースにする
フランスのシンプルで味わい深いグラタンです。

材料
◎2〜3人分

生鮭(切り身)……2切れ
じゃがいも……2個(約200g)
A ┌ 牛乳……300㎖
　├ 玉ねぎ醤(p.15参照)……大さじ2
　└ こしょう、ナツメグ……各少々
シュレッドチーズ……適量

作り方

1 鮭はペーパータオルで水けを拭き取り、あれば骨を除いて3等分に切る。じゃがいもは皮をむき、水にさらさずスライサーで薄くスライスする。

2 鍋にAを入れて中火にかけ、煮立ったら1のじゃがいもを加えて弱めの中火にし、とろみがつくまで15分ほど煮る。

3 1の鮭は、魚焼きグリルで両面を色よく焼く。

4 耐熱皿に2をソースごと入れて3をのせ、チーズをかける。オーブントースターで、チーズが溶けてこんがりとした焼き色がつくまで5〜10分焼く。

PART 1 基本の醤(ひしお)と発酵料理

[玉ねぎ醤]
玉ねぎ醤のリゾット

米を醤で炒めてから炊いて味をしっかり含ませ、
たっぷりのチーズを加えて濃厚に仕上げます。

材料
◎2人分

水 …… 650㎖
オリーブ油 …… 大さじ1
バター …… 10g
にんにく(みじん切り) …… 1かけ分
米(洗わない) …… 1合
玉ねぎ醤(p.15参照) …… 大さじ3
パルミジャーノ・レッジャーノ
　(すりおろし) …… 20g＋適量
塩 …… 適量
粗びき黒こしょう …… 少々

作り方

1. 鍋またはやかんに分量の水を入れて中火にかけ、沸騰させる。(**2**で使えるよう弱火にかけておく)。

2. フライパンにオリーブ油、バター、にんにくを入れて中火にかけ、香りが立ったら米を入れてゴムべらで混ぜながら炒める。油が回ったら玉ねぎ醤を加えて全体がなじむまで炒め、**1**の熱湯を100㎖ほど加えてよく混ぜる。混ぜながら15分ほど加熱し、水分が少なくなったらそのつど熱湯を100㎖ほど加えて火を通す。
1の熱湯は使いきらなくてもよい。

3. 米を数粒食べてみて、アルデンテ(歯ごたえが残る程度)に仕上がっていればOK。米がかたい場合は、さらに様子を見ながら数分煮る。

4. チーズ20gを加えてよく混ぜ、塩で味をととのえる。器に盛り、チーズ適量を散らし、黒こしょうをふる。

29

> しょうゆ醤

シーフードチヂミ

生地にもつけだれにもしょうゆ醤を使用。
にらと魚介のおいしさを引き立てます。

材料
◎1枚分

冷凍シーフードミックス（いか、むきえびなど／
　流水解凍して水けを拭き取る）……100g
片栗粉……適量
にら……2本
玉ねぎ……1/4個
A ┌ しょうゆ醤(p.14参照)……大さじ1
　├ 卵……1個
　├ 薄力粉、片栗粉……各大さじ3
　└ 水……大さじ2
ごま油……小さじ1
にら醤だれ(下記参照)……適量

作り方

1. ボウルにシーフードミックスを入れ、片栗粉と少量の水を加えてもみ込んで汚れを落とし、流水で洗ってペーパータオルで水けを拭き取る。にらは5cm長さに切り、玉ねぎは縦薄切りにする。

2. ボウルにAを入れてよく混ぜ、1を加えて混ぜ合わせる。

3. 直径26cmのフライパンにごま油をしいて中火で熱し、2を流し入れて平らに広げ、両面をカリッとするまで焼く。

4. 食べやすい大きさに切って器に盛り、にら醤だれを添える。

にら醤だれ
材料と作り方
◎作りやすい分量

ボウルににら(小口切り)30g、米酢大さじ2と1/2、しょうゆ醤大さじ2、しょうゆ大さじ1、白いりごま大さじ1、ごま油小さじ1を入れてよく混ぜる。

清潔な保存容器に入れ、冷蔵で4日ほど保存可能。

[しょうゆ醤]

鶏の照り焼き

ジューシーに焼いて醤入りのたれをからめるだけ。
鶏肉ならではのおいしさを楽しめます。

PART 1 基本の醤(ひしお)と発酵料理

材料
◎2人分

鶏もも肉 …… 1枚(約300g)
塩 …… 適量
こしょう …… 少々
ししとうがらし …… 6本
米油 …… 小さじ1
A ┌ **しょうゆ醤**(p.14参照) …… 大さじ2
　├ みりん …… 大さじ1
　└ 水 …… 大さじ2

作り方

1 鶏肉はペーパータオルで水けを拭き取り、両面に塩少々、こしょうをふる。ししとうはつまようじで2か所ほど穴をあける。

2 フライパンに米油をしいて中火で熱し、**1**の鶏肉を皮目を下にして入れてじっくり焼く。空いているところに**1**のししとうを入れて塩少々をふり、焼き色がついたら取り出す。

3 鶏肉の皮目に焼き色がついたら裏返してふたをし、5分ほど蒸し焼きにする。肉に火が通ったら**A**を加え、肉にからめながら焼き、とろみがついたら取り出す。

4 **3**を食べやすい大きさに切って器に盛り、**2**のししとうを添え、フライパンに残ったたれを肉にかける。

[玉ねぎ醤]

白身魚のソテー バターオニオンソース

バターと玉ねぎ醤でうまみとコクを加えたソースを
白身魚にたっぷりかけていただきます。

材料
◎2人分

白身魚(めかじきなど/切り身) …… 2切れ
塩 …… 適量
こしょう …… 少々
赤かぶ(またはかぶ) …… 1/2個
さやいんげん(へたを切る) …… 8本
バター …… 10g

バターオニオンソース
A ┃ 玉ねぎ醤(p.15参照) …… 大さじ2
   ┃ 牛乳(または植物性のミルク) …… 50mℓ
   ┃ 水 …… 10mℓ
   ┃ にんにく(すりおろし) …… 少々
バター …… 10g

作り方

1 白身魚はペーパータオルで水けを拭き取り、両面に塩少々、こしょうをふる。かぶは4等分のくし形に切る。ボウルにAを入れて混ぜ合わせる。

2 フライパンにバター10gを入れて中火で溶かし、1の白身魚を入れて両面を4〜5分かけて火を通しながら、フライパンの空いているところに1のかぶといんげんを入れて塩少々をふる。かぶといんげんは焼き色がついたら取り出す。

3 2のフライパンの空いているところに、1で合わせたAとバター10gを加え、バターを溶かしてバターオニオンソースを作る。白身魚に2〜3回かけながら、ソースにとろみがつくまで1〜2分加熱する。

4 器に3を盛り、フライパンに残ったソースをかけて2のかぶといんげんを添える。

PART 1 基本の醤(ひしお)と発酵料理

[玉ねぎ醤]
トマトソースのパスタ

生の玉ねぎの代わりに玉ねぎ醤を使い
本格的な濃厚トマトソースに。

材料
◎2人分

オリーブ油……大さじ1＋適量
にんにく(つぶす)……1かけ
ホールトマト缶(つぶす)……1缶(400g)
A ┌ 玉ねぎ醤(p.15参照)……大さじ2
  │ はちみつ……少々
  └ ローリエ……1枚
塩……適量
スパゲッティ……160g
バジル(あれば)……適量

作り方

1 鍋にオリーブ油大さじ1、にんにくを入れて弱火にかける。香りが立ったらホールトマト缶を加える。
トマト缶を加える前ににんにくが焦げはじめたら取り除く。

2 煮立ったらAを加えて5分煮る。塩で味をととのえ、にんにく、ローリエを取り除く。

3 鍋に湯を沸かして塩適量を入れ、スパゲッティを加えて袋の表示どおりにゆでる。湯をきり、2に加えてソースをからめる。

4 器に盛り、オリーブ油適量を回しかけ、あればバジルをのせる。

しょうゆ醤

肉じゃが

醤に漬けた牛肉とごろっと大きな野菜。
ごちそう感のある肉じゃがです。

漬ける
30分〜ひと晩

材料
◎2〜3人分
牛切り落とし肉……100g
しょうゆ醤(p.14参照)……大さじ1
じゃがいも……2個(約200g)
にんじん……1/2本
玉ねぎ……1/2個
さやいんげん……3本
結びしらたき……8個
米油……大さじ1
A ┌ 水……100mℓ
　├ みりん……大さじ2
　├ しょうゆ……大さじ1
　├ **しょうゆ醤**(p.14参照)……大さじ1
　└ 酒……大さじ1

作り方

1. ポリ袋に牛肉としょうゆ醤を入れ、袋の上からもみ込んで口を結び、冷蔵庫で30分〜ひと晩漬ける。

2. じゃがいもは2〜3等分に切り、にんじんは乱切り、玉ねぎは2cm幅のくし形切り、いんげんは3〜4cm長さの斜め切りにする。しらたきは沸騰した湯で数分ゆで、ざるに上げて水けをきる。

3. 鍋に米油をしいて中火で熱し、2のじゃがいも、にんじん、玉ねぎを入れて炒める。全体に油が回りじゃがいものふちが半透明になったら1を加え、肉の色が変わるまで炒める。

4. A、2のしらたきを加えて落としぶたをし、弱めの中火で15分、途中、木べらで天地を返しながらじゃがいもがやわらかくなるまで煮る。最後にいんげんを加えて2分煮て火を止め、そのまま冷まして味を含ませる。

食べるときに温め直すとよい。

PART 1 基本の醤(ひしお)と発酵料理

しょうゆ醤

酢豚

しょうゆ醤とバルサミコ酢でコクがアップ。
豚肉を揚げずにフライパンひとつで作れます。

材料
◎2人分

豚ロースかたまり肉
　（または豚ももかたまり肉）…… 200g
塩、こしょう …… 各少々
玉ねぎ …… 1/2個
ピーマン …… 1個
赤パプリカ …… 1/4個
パイナップル（輪切り／缶詰でも可）…… 60g
ごま油 …… 大さじ1
A ┌ **しょうゆ醤**(p.14参照) …… 大さじ2
　│ バルサミコ酢 …… 大さじ1
　│ はちみつ …… 大さじ1
　│ しょうゆ …… 小さじ1
　└ 塩 …… ひとつまみ

作り方

1. 豚肉はひと口大に切り、塩、こしょうをふる。玉ねぎ、ピーマン、パプリカ、パイナップルはひと口大に切る。
　缶詰のパイナップルを使う場合は水けをきる。

2. フライパンにごま油をしいて中火で熱し、**1**の豚肉を並べ入れて焼く。肉の表面の色が変わったら玉ねぎを加えて炒める。

3. 豚肉に火が通ったら**1**のピーマン、パプリカを加えて軽く炒め、**A**を加えて全体をよく炒め合わせる。全体がなじんだら、最後にパイナップルを加えてさっと混ぜ、火を止める。

35

PART 1 基本の醤(ひしお)と発酵料理

[玉ねぎ醤]

シーフードパエリア

魚介と干しえび、かつお節、玉ねぎ醤を入れた
うまみたっぷりのスープで炊き上げます。

材料
◎2人分

いか(さばいたもの/あればワタつき)……100g
いかのワタがあれば、薄皮に切り目を入れて中身をボウルに絞り入れる。
むきえび……大6尾
あさり(砂出しをしたもの/殻をこすり合わせて洗う)……150g
酒……少々
A ┌ 水……400ml
  │ 玉ねぎ醤(p.15参照)……大さじ3
  │ 干しえび(粗みじん切り)……10g
  └ かつお削り節(細かくもむ)……1g
白ワイン……100ml
オリーブ油……大さじ1
にんにく(つぶす)……1かけ
塩……少々
B ┌ 玉ねぎ(みじん切り)……1個分
  │ ピーマン(みじん切り)……1個分
  └ 赤パプリカ(みじん切り)……1/2個分
ホールトマト缶(つぶす)……100g
米(洗わない)……1合
レモン(くし形切り)、
　イタリアンパセリ(ちぎる)……各適量

作り方

1 魚介類はペーパータオルで水けを拭き取る。いかは胴とエンペラを1cm幅の輪切りにし、足は2〜3本ずつに切り分けて長さを半分に切る。えびは背ワタを取り、酒をふりかける。ボウルにAを入れて混ぜ合わせる。

2 直径26cmのフライパンにあさりと白ワインを入れ、ふたをして弱めの強火で酒蒸しにする。あさりの口が開いたら[a]火を止め、ボウルに重ねざるにあけ、あさりと蒸し汁に分ける。

3 2のフライパンをさっと洗って拭き、オリーブ油とにんにくを入れて中火にかける。香りが立ったら1のいか(ワタがあれば4で加える)とえびを入れて塩をふり、色が変わるまで炒めていったん取り出す。

4 3のフライパンにBを入れて中火で炒める。しんなりしたらホールトマト缶とあれば絞り出したいかのワタを加え、水分を飛ばすように1〜2分炒める。

5 1の合わせたAと2のあさりの蒸し汁を加えてさっと混ぜ、米をふり入れて[b]弱めの強火で5分炊く。ゴムべらで全体を軽く混ぜて弱火にし、ふたをしてさらに12分炊く[c]。

6 ふたを取り、米がふっくらとして煮汁から少し出ていたら火を止める。汁けが多ければ強火にして数分煮詰め、パチパチと音がしてきたら火を止める。

7 2のあさりと3、レモンをのせてイタリアンパセリを散らす。器に取り分け、レモン汁をかけていただく。

しょうゆ醤

春雨炒め

野菜と春雨をしょうゆ醤でまとめる
チャプチェ風の簡単炒め。

材料
◎2人分

緑豆春雨(乾燥) …… 50g
ピーマン …… 2個
にんじん …… ⅓本
A ┌ 水 …… 50㎖
　│ しょうゆ醤(p.14参照) …… 大さじ2
　└ みりん …… 大さじ1
ごま油 …… 大さじ1
塩 …… 少々

作り方

1 春雨は熱湯に5分ほどつけて戻し、水けをきる。ピーマンは縦細切り、にんじんはピーマンと太さをそろえて細切りにする。ボウルにAを入れて混ぜる。

2 フライパンにごま油をしいて中火で熱し、**1**のピーマン、にんじんを入れて軽く炒める。油が回ったら**1**の合わせたA、春雨を加え、汁けが少なくなるまで炒めて塩で味をととのえる。

しょうゆ醤

まいたけの醤マスタード炒め

まいたけを醤とマスタードとハーブで香りよく。
おつまみにもおすすめです。

材料
◎2人分

まいたけ …… 100g
A ┌ しょうゆ醤(p.14参照) …… 大さじ1
　│ 粒マスタード …… 小さじ1
　└ 白ワイン(または酒) …… 大さじ1
オリーブ油 …… 大さじ1
にんにく(みじん切り) …… ½かけ分
ミックスドライハーブ(または
　生のイタリアンパセリ) …… 適量
粗びき黒こしょう …… 少々

作り方

1 まいたけは食べやすい大きさに裂く。ボウルにAを入れて混ぜる。

2 フライパンにオリーブ油、にんにく、**1**のまいたけを入れて中火で炒める。まいたけがしんなりしたら**1**の合わせたA、ミックスドライハーブを加え、汁けがなくなるまで炒める。器に盛り、黒こしょうをふる。

PART 1 基本の醤(ひしお)と発酵料理

玉ねぎ醤

やみつきポテトフライ

玉ねぎ醤をポテトの下味とホイップにダブル使い。
ついつい手がのびるおいしさです。

材料
◎2人分

サワーホイップ
生クリーム …… 100g
サワークリーム …… 25g
玉ねぎ醤(p.15参照) …… 小さじ1
塩 …… ひとつまみ

じゃがいも …… 4個(約400g)
玉ねぎ醤(p.15参照) …… 大さじ1
揚げ油 …… 適量
片栗粉 …… 大さじ2

作り方

1 サワーホイップを作る。ボウルに材料をすべて入れ、泡立て器で10分立てにして、ラップをかけて冷蔵庫で冷やす。

2 じゃがいもは皮をむき、6〜8等分のくし形に切ってボウルに入れ、玉ねぎ醤をまぶす。
じゃがいもに玉ねぎ醤をまぶすとでんぷんが溶け出すため、**3**で片栗粉をまぶしたらすぐに揚げる。

3 フライパンに揚げ油を3cm深さに入れて中火にかけ、170℃に熱する。**2**に片栗粉をまぶしてすぐに入れ、じゃがいもに竹串がスッと通るまでカリッと揚げる。

4 器に盛り、**1**をのせる。

玉ねぎ醤

ジャーマンポテト

バターと玉ねぎ醤、にんにくの濃厚味で
ビールやワインがすすみます。

材料
◎2人分

じゃがいも …… 2個(約200g)
ウインナーソーセージ …… 4本
オリーブ油 …… 小さじ1
にんにく(みじん切り) …… ½かけ分
バター …… 10g
玉ねぎ醤(p.15参照) …… 大さじ2
パセリ(みじん切り)、粗びき黒こしょう
　…… 各少々

作り方

1 鍋に皮つきのじゃがいもとたっぷりの水を入れ、中火にかけてゆでる。竹串がスッと通るくらいやわらかくなったら水にとり、皮をむいて6〜8等分のくし形に切る。ソーセージは、じゃがいもと長さをそろえて斜め切りにする。

2 フライパンにオリーブ油をしいて中火で熱し、**1**のソーセージを入れて焼く。焼き色がついたらにんにくとじゃがいもを加えてよく炒め合わせる。

3 フライパンの端にバターを入れて溶かし、その上に玉ねぎ醤を加えてよく混ぜてから、全体にからめるように炒める。器に盛り、パセリを散らし、黒こしょうをふる。

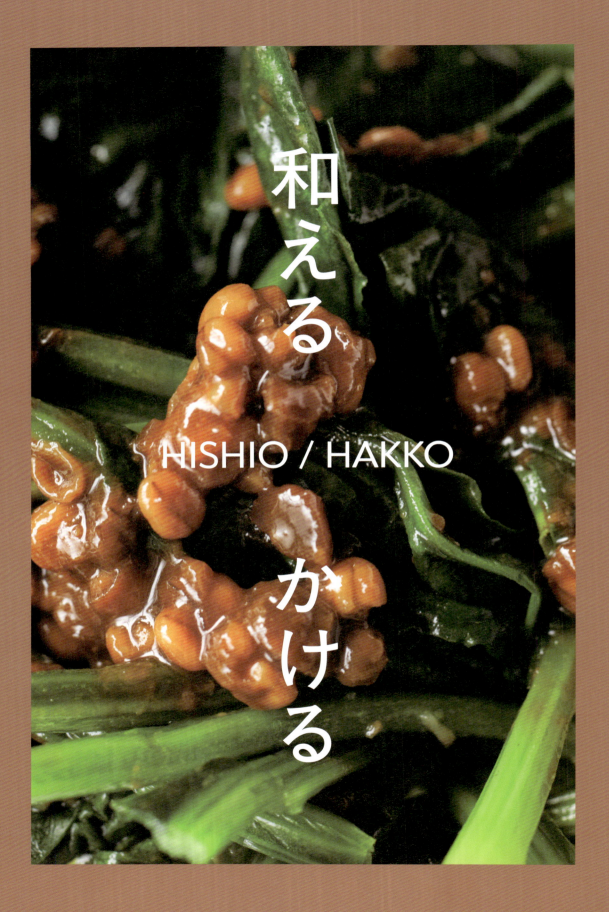

和える かける

HISHIO / HAKKO

PART 1 基本の醤と発酵料理

> しょうゆ醤

ほうれん草の醤和え

しょうゆ醤で和えるだけでうまみ倍増。
ごまやみりんを使わなくても格段においしくなります。

材料
◎2人分

ほうれん草……1束
春菊や小松菜など好みの青菜に代えても。
しょうゆ醤(p.14参照)……大さじ1と1/2

作り方

1 ほうれん草は根元を切り落としてよく洗い、沸騰した湯に根元から入れて1分ゆでる。すぐに冷水にとり、冷めたら水けをしっかり絞る。

2 食べやすい長さに切ってボウルに入れ、しょうゆ醤を加えてよく和える。

玉ねぎ醬

柿の白和え風

玉ねぎ醬とみそで味つけしたクリーミーな和え衣と
柿の甘みがよく合います。

材料
◎2人分

絹ごし豆腐……200g
柿……1個
いちじくや梨に代えても。
A ┌ 玉ねぎ醬(p.15参照)……大さじ1と1/2
  │ みそ……小さじ1
  └ 塩……ひとつまみ
白すりごま……適量

作り方

1 豆腐はペーパータオルで包み、30分ほどおいて重量が180gくらいになるまで水きりする。柿は皮をむいてヘタを除き、6〜8等分のくし形に切る。

2 ボウルに**1**の豆腐、**A**を入れてハンドブレンダーでなめらかになるまで撹拌する。

3 **1**の柿を加えてゴムべらで和える。器に盛り、白すりごまをふる。

PART 1 基本の醤(ひしお)と発酵料理

玉ねぎ醤

きゅうりとディルのサラダ

手早く作れる腸活サラダは
ちくわのうまみでさっぱりだけど深い味わい。

材料
◎2人分

きゅうり……1本
塩……ふたつまみ
ちくわ……1本
A ┌ プレーンヨーグルト……50g
  │ 玉ねぎ醤(p.15参照)……小さじ1
  └ ディル(みじん切り)……適量
ディル(ちぎる)……適量

作り方

1 きゅうりは乱切りにして塩をふり、5分おいてペーパータオルで水けを拭き取る。ちくわはきゅうりの大きさにそろえて乱切りにする。

2 ボウルにAを入れてよく混ぜ合わせ、1を加えて和える。器に盛り、ディルをのせる。

45

> しょうゆ醤

冷やしピーマン醤

キンキンに冷やせばパリパリの食感に。
ほろ苦さもクセになります。

材料
◎2人分

ピーマン……2個
しょうゆ醤(p.14参照)……大さじ1と½

作り方

1. ピーマンはヘタと種を取り、縦4等分に切る。食べる直前まで氷水でよく冷やす。
2. 氷とともに器に盛り、しょうゆ醤を添えてピーマンにのせて食べる。

> しょうゆ醤

アンチョビオリーブの豆腐カプレーゼ

醤とアンチョビをきかせたソースが絶妙。
豆腐がイタリアンな前菜に早変わり。

材料
◎2人分

絹ごし豆腐……縦½丁(150g)
A ┌ ブラックオリーブ(種なし／塩漬け／粗みじん切り)……6粒分
  │ しょうゆ醤(p.14参照)……大さじ½
  │ アンチョビペースト……小さじ½
  └ トマト(6〜7mmの角切り)……½個分
オリーブ油……適量

作り方

1. 豆腐はペーパータオルで水けを拭き取り、横1cm幅に切って器に並べる。
2. ボウルにAを入れてよく混ぜ合わせ、1にのせてオリーブ油をかける。

PART 1 基本の醤（ひしお）と発酵料理

[玉ねぎ醤]

トマトのフレッシュスープ

ブレンダーで攪拌するだけのお手軽スープ。
だし代わりの玉ねぎ醤とハーブをきかせてさわやかに。

材料
◎2人分

トマト……2個
A ┌ **玉ねぎ醤**(p.15参照)……大さじ2
　 │ ミックスドライハーブ（またはオレガノや
　 └ 　ローズマリーなど好みのハーブ）……少々
塩……少々
オリーブ油……少々
バジル（または好みのハーブ）……適量

作り方

1. トマトはヘタを取って皮つきのままざく切りにする。ボウルに入れて A を加え、ハンドブレンダーでなめらかになるまで攪拌する。塩で味をととのえて冷蔵庫で冷やす。
2. 器に盛り、オリーブ油を回しかけてバジルをのせる。

温製スープの作り方
◎2人分

鍋にざく切りにしたトマト2個、**玉ねぎ醤**(p.15参照)大さじ2を入れてハンドブレンダーでなめらかに攪拌する。中火にかけてミックスドライハーブ少々を加えて温め、塩少々で味をととのえる。仕上げは上記 2 と同様にする。

COLUMN
味が決まるだし醤(ひしお)

ひしお麹にかつお節と干ししいたけを加えることで、だし代わりに使える万能発酵調味料が作れます。しょうゆと塩で塩み、みりんで甘みもつけているのでこれひとつで味のベースに。

だし醤

汁物や煮物のうまみの素に。

材料
◎作りやすい分量(400mlの保存容器1本分)

- ひしお麹……50g
- 塩……18g
- しょうゆ……大さじ1/2
- 本みりん……40ml
- 水……200ml
- かつお削り節……3g
- 干ししいたけ(スライス)……5g

炊飯器で作る場合
清潔な保存容器にすべての材料を入れてふたをし、炊飯器の内釜にセットする。60℃の湯を容器の半分くらいの高さまで張り、炊飯器のふたは全開にして保温モードで24時間保温する。清潔なスプーンでときどき混ぜる(混ぜるときだけ容器のふたをはずす)。
保存容器の代わりにジッパー付きの保存袋に入れてもOK。混ぜるときは袋の上からもむ。保温中に湯が少なくなったら適宜足す。

作り方

1 ヨーグルトメーカーの付属の容器に材料をすべて入れる。

2 清潔なスプーンで、全体がなじむまでよく混ぜてふたをする。

3 温度を40℃に設定して24時間保温する。途中、数回かき混ぜる。

4 ハンドブレンダーでなめらかなペースト状になるまで撹拌する。清潔な容器に移してふたをし、冷蔵庫で保存する。

保存:冷蔵で2か月、冷凍で3か月ほど。

なすとひき肉の煮浸し

ひき肉とだし醤のうまみを
なすにたっぷり含ませて。

材料
◎2人分

なす……2本
合いびき肉……100g
米油……大さじ1〜2
水……100㎖
だし醤(p.48参照)……大さじ3弱
粗びき黒こしょう……少々

作り方

1 なすはヘタを取って皮目に斜めに隠し包丁を数本入れ、太いものは縦4等分、細いものは縦2等分に切る。

2 鍋に湯を沸かしてひき肉を入れ、中火でほぐしながら1分ゆでてざるに上げ、湯をきる。

3 フライパンに米油をしいて中火で熱し、1を皮目を下にして入れて全体に油が回るように返しながら焼く。

4 2、分量の水、だし醤を加えて混ぜ合わせ、5分煮る。器に盛り、黒こしょうをふる。

だし醤

小松菜とお揚げの炊いたん

さっと作れて冷めてもおいしい
だしが香る京都のおばんざい。

材料
◎2人分

小松菜……½束
油揚げ……1枚
米油……大さじ½
だし醤(p.48参照)……大さじ2弱
水……50㎖

作り方

1 小松菜は根元を切り落として5㎝長さ、油揚げは縦半分に切ってから横1㎝幅に切る。

2 鍋に米油をしいて中火で熱し、1の油揚げを入れてほんのり焼き色がつくまで炒める。小松菜を茎、葉の順に加えて炒め、全体に油が回ったらだし醤、分量の水を加えて3〜4分煮る。

> だし醤

親子丼

ふわとろ卵にだしの風味が際立つ上品な味わい。
だし醤で味がしっかり決まります。

材料
◎2人分

鶏もも肉 …… 1枚（約300g）
玉ねぎ …… 1/2個
A ┌ 水 …… 200ml
　├ だし醤(p.48参照) …… 大さじ4
　├ 本みりん …… 大さじ2
　└ 塩 …… 小さじ1/2
溶き卵 …… 4個分
温かいごはん …… 茶碗2杯分（360g）
七味唐辛子（好みで）…… 適量

作り方

1 鶏肉はペーパータオルで水けを拭き取り、小さめのひと口大に切る。玉ねぎは縦薄切りにする。

2 鍋にAを入れて中火にかけ、煮立ったら1を加えて弱めの中火にし、鶏肉に火が通るまで煮る。溶き卵を回し入れ、卵がとろりとかたまったら火を止める。

3 器にごはんを盛り、2をのせて好みで七味唐辛子をかける。

PART 2

アレンジと発酵料理

ARRANGE HISHIO
アレンジ醤

基本の「しょうゆ醤」と「玉ねぎ醤」を
7種の発酵調味料に展開。
混ぜるだけですぐに使えます。

発酵料理→p.54〜
にんにく醤

まろやかでコクがあり、うまみたっぷり。
にんにくの風味を生かしたい料理に。

材料
◎作りやすい分量（400mlの保存容器1本分）

しょうゆ醤（p.14参照）……200g
にんにく（すりおろし）……2かけ分

作り方
ボウルに材料をすべて入れ、ハンドブレンダーで
なめらかになるまで撹拌する。清潔な容器に入れ
てふたをし、冷蔵庫で保存する。

保存：冷蔵で4か月、冷凍で5か月ほど。

発酵料理→p.58〜
キムチの素

キムチ鍋の素やヤンニョムチキンのたれに。
さっと和えるだけで即席キムチも作れます。

材料
◎作りやすい分量（400mlの保存容器1本分）

甘酒（濃縮／市販）……100g
りんご（すりおろし）……60g
しょうゆ醤（p.14参照）……20g
しょうが、にんにく（各すりおろし）……各1かけ分
ナンプラー……大さじ2
粉唐辛子、塩……各10g

作り方
清潔な容器に材料をすべて入れ、清潔なスプーン
でよく混ぜる。ふたをして冷蔵庫で保存する。

保存：冷蔵で3か月、冷凍で4か月ほど。

発酵料理→p.62〜
中華醤

餃子やラーメン、炒め物、お粥やナムルにも。
香味野菜が入っているのでこれだけでおいしい中華に。

材料
◎作りやすい分量（400mlの保存容器1本分）

玉ねぎ醤（p.15参照）……200g
長ねぎ（みじん切り）……1本分
干しえび（みじん切り）……大さじ1と1/2
しょうが、にんにく（各すりおろし）……各1かけ分
塩……小さじ1/2

作り方
清潔な容器に材料をすべて入れ、清潔なスプーン
でよく混ぜる。ふたをして冷蔵庫で保存する。

保存：冷蔵で3か月、冷凍で4か月ほど。

PART 2 アレンジ醤(ひしお)と発酵料理

発酵マヨネーズ

発酵料理→p.74〜

卵なしの植物性で、たっぷりつけても罪悪感なし。
さらりとしているのでソースやたれにもおすすめです。

材料
◎作りやすい分量（400mlの保存容器1本分）

- 米油……90ml
- 無調整豆乳……50ml
- 玉ねぎ醤(p.15参照)……大さじ1
- りんご酢……小さじ1
- 塩……小さじ1/2
- 白こしょう……少々

作り方
ボウルに材料をすべて入れ、ハンドブレンダーでなめらかになるまで攪拌する。清潔な容器に入れてふたをし、冷蔵庫で保存する。

保存：冷蔵で3週間ほど。

発酵ケチャップ

発酵料理→p.78〜

そのままオムライスなどにかけるのはもちろん
トマト煮込みや炒め物などの風味づけにも。

材料
◎作りやすい分量（400mlの保存容器1本分）

- トマトピューレ……200g
- 玉ねぎ醤(p.15参照)……100g
- はちみつ……小さじ1〜

味をみて好みでプラスしてOK。

- 塩……3g
- シナモンパウダー……少々
- クローブパウダー(あれば)……少々

作り方
清潔な容器に材料をすべて入れ、清潔なスプーンでよく混ぜる。ふたをして冷蔵庫で保存する。

保存：冷蔵で2か月、冷凍で3か月ほど。

発酵カレールー

発酵料理→p.82〜

本格的なカレーやビリヤニが手軽に作れる魔法のルー。
少量加えればカレーの風味づけにも活躍します。

材料
◎作りやすい分量（400mlの保存容器1本分）

- 玉ねぎ醤(p.15参照)……200g
- カレー粉……35〜40g

作り方
清潔な容器に材料をすべて入れ、清潔なスプーンでよく混ぜる。ふたをして冷蔵庫で保存する。

保存：冷蔵で3か月、冷凍で4か月ほど。

発酵バジルソース

発酵料理→p.86〜

ソースにもドレッシングにも使える万能調味料。
さっと熱を加えるとバジルの香りが引き立ちます。

材料
◎作りやすい分量（400mlの保存容器1本分）

- バジル……40g
- 玉ねぎ醤(p.15参照)、オリーブ油……各20g
- 松の実……10g
- にんにく……5g
- 塩……3g

作り方
ボウルに材料をすべて入れ、ハンドブレンダーでなめらかになるまで攪拌する。清潔な容器に入れてふたをし、冷蔵庫で保存する。

保存：冷蔵で1か月、冷凍で2か月ほど。

にんにく醤

を
使って

GARLIC
HISHIO

PART 2 アレンジ醤(ひしお)と発酵料理

[にんにく醤]

鶏肉のにんにく醤唐揚げ

にんにく醤に漬け込んだ鶏肉に油をもみ込むことで
パサつかず肉汁がジュワッとあふれる仕上がりに。

漬ける
30分～ふた晩

材料
◎2人分

鶏もも肉……1枚(約300g)
A ┌ 塩……ひとつまみ
　├ にんにく醤(p.52参照)……大さじ3
　└ 酒……小さじ1
米油……小さじ1
薄力粉……大さじ2
片栗粉……大さじ6
揚げ油……適量
レモン(くし形切り)……適量

作り方

1 鶏肉はペーパータオルで水けを拭き取り、食べやすい大きさに切る。ポリ袋に入れてAを加えて袋の上からもみ込み[a]、口を結んで冷蔵庫で30分～ふた晩漬ける。

2 ボウルに1を入れて米油を加えて手でもみ込み[b]、薄力粉、片栗粉を順にふり入れ、そのつどしっかりまぶす。

3 フライパンに揚げ油を3cm深さに入れて中火にかけ、170℃に熱する。2を入れてときどき上下を返しながら、鶏肉に火が通るまで揚げる[c]。

4 器に盛り、レモンを添える。

[にんにく醤]

鶏手羽元と卵の黒酢にんにく醤煮

2:1の割合で加える黒酢とバルサミコ酢の
まろやかな酸味とうまみをしっかり含ませて。

材料
◎2人分

鶏手羽元 …… 4〜6本
塩 …… ひとつまみ
大根 …… 1/6本(200g)
ゆで卵(殻をむく) …… 2個分
水 …… 100mℓ
黒酢 …… 100mℓ
バルサミコ酢 …… 50mℓ
にんにく醤(p.52参照) …… 大さじ3
ローリエ …… 1枚

作り方

1 手羽元はペーパータオルで水けを拭き取り、骨に沿ってキッチンバサミで切り込みを入れて塩をふる。大根は皮をむき大きめの乱切りにする。

2 鍋に1の手羽元を皮目を下にして入れ、中火にかけて表面がきつね色になるまで焼く。

3 1の大根と残りの材料をすべて加えて落としぶたをし、弱めの中火で15分煮る。途中、木べらで天地を返す。

4 ローリエを取り除き、ゆで卵は横半分に切る。残りの3を器に盛り、上にゆで卵をのせる。
一度冷ましてから温め直すと味がしみておいしい。

PART 2 アレンジ醤(ひしお)と発酵料理

> にんにく醤

たこのカルパッチョ

にんにく醤とレモン汁のソースが決め手。
噛めば噛むほど口いっぱいにおいしさが広がります。

材料
◎2人分

ゆでだこ……150g
A [にんにく醤(p.52参照)……大さじ2
　　レモン汁……大さじ1]
オリーブ油……大さじ1
イタリアンパセリ(みじん切り)……適量

作り方

1. たこは薄いそぎ切りにし、器に並べる。
2. ボウルにAを入れて混ぜ合わせ、1のたこにのせる。オリーブ油をかけてイタリアンパセリを散らす。

57

キムチの素を使って

KIMUCHI NO MOTO

PART 2 アレンジ醤(ひしお)と発酵料理

キムチの素

キムチチゲ

順番に調味料を炒めて味を引き出し、香り豊かに。
手軽に作れる自家製の白菜キムチもうまみの素になります。

材料
◎2〜3人分

豚バラ薄切り肉 …… 150g
玉ねぎ …… 1/2個
長ねぎ …… 1/2本
木綿豆腐 …… 縦1/2丁(150g)
えのきたけ …… 60g
ごま油 …… 小さじ1
簡単白菜キムチ(下記参照) …… 200g
みそ …… 大さじ2
酒 …… 大さじ1
水 …… 500㎖
キムチの素(p.52参照) …… 大さじ2
もやし …… 100g
米酢 …… 小さじ1
しょうゆ …… 小さじ1/2

作り方

1. 豚肉は4㎝長さに切り、玉ねぎは縦薄切り、長ねぎは斜め薄切り、豆腐は横1.5㎝幅に切る。えのきたけは石づきを落としてほぐす。

2. 鍋にごま油をしいて中火で熱し、**1**の豚肉と玉ねぎ、白菜キムチを入れて炒める。豚肉に火が通ったらみそと酒を加えてなじむまで炒め、分量の水、キムチの素を加えて煮る。

3. 煮立ったらもやし、**1**の残りの材料、米酢、しょうゆを加え、ひと煮立ちしたら器に取り分ける。

簡単白菜キムチ
材料と作り方
◎作りやすい分量

1. にら1/3束は食べやすい長さに切る。白菜300gは食べやすい大きさに切り、ボウルに入れて塩9gをふって軽くもみ、10分おいて水けを絞る。

2. ポリ袋に**1**、**キムチの素**(p.52参照)大さじ3、米酢小さじ1を入れて袋の上からよくもみ込む。すぐに食べられるが、冷蔵庫で1〜2日ねかせると味がなじむ。
清潔な保存容器に入れ、冷蔵で1週間ほど保存可能。

キムチの素

ヤンニョムチキン

コチュジャンと砂糖の代わりにキムチの素とはちみつを使用。
まろやかな甘辛だれがクセになります。

材料
◎2人分

鶏手羽中……16本(約300g)
塩、こしょう……各少々
片栗粉……大さじ2
A [キムチの素(p.52参照)……大さじ3
　 はちみつ……大さじ1と½]
揚げ油……適量
白いりごま……適量

作り方

1. 手羽中はペーパータオルで水けを拭き取り、塩、こしょうをふって片栗粉をまんべんなくつける。ボウルにAを入れてよく混ぜ合わせる。

2. フライパンに揚げ油を3cm深さに入れて中火にかけ、170℃に熱する。1の手羽中を入れて、火が通るまで4〜5分揚げ焼きにする。

3. 熱いうちに1の合わせたAに加え、よく和える。器に盛り、白いりごまをふる。

PART 2 アレンジ醤(ひしお)と発酵料理

> キムチの素

切り干し大根のアチャール

インドのスパイシーなピクルスを
キムチの素でアレンジ。

材料
◎作りやすい分量

切り干し大根 …… 15g
A ┃ **キムチの素**(p.52参照) …… 大さじ1
　 ┃ ホワイトバルサミコ酢 …… 小さじ1

作り方

1. 切り干し大根は洗って水に5分つけて戻し、水けを絞って食べやすい長さに切る。
2. ボウルにAを入れてよく混ぜ合わせ、1を加えてよく和える。

> キムチの素

長いもといかのキムチ

切って和えるだけの簡単キムチ。
しゃくしゃく&ねっとりの食感も楽しいです。

材料
◎作りやすい分量

長いも …… 80g
いか(刺し身用) …… 100g
キムチの素(p.52参照) …… 大さじ2

作り方

1. 長いもは皮をむいて1cm幅の半月切り、いかは4cm長さの細切りにする。
2. ボウルにすべての材料を入れてよく和える。

中華醤を使って

CHINESE
HISHIO

PART 2 アレンジ醤と発酵料理(ひしお)

[中華醤]
餃子

ひき肉に中華醤を混ぜ込んでうまみたっぷりのあんに。
ジューシーに焼き上げてにら醤だれをつけてどうぞ！

漬ける
30分〜ふた晩

材料
◎25個分

あん
A ┌ 豚ももひき肉……200g
　├ **中華醤**(p.52参照)……大さじ2
　└ 塩……ひとつまみ
白菜……200g
塩……6g
ごま油……小さじ1

餃子の皮(市販)……25枚
にら醤だれ(p.30参照)……適量

作り方

1. あんを作る。ボウルにAを入れてゴムべらで混ぜ合わせ[a]、ラップをかけて冷蔵庫で30分〜ふた晩ねかせる。

2. 白菜はみじん切りにして塩を加えて混ぜ、水分が出てきたら水けをしっかり絞る。

3. 1に2、ごま油を加え、手でよく練り混ぜる[b]。

4. 餃子の皮に3を小さじ1と1/2ずつのせて皮の端に水をつけ[c]、ひだを4〜5か所寄せながら包む[d]。

5. フライパンに4を放射状に並べ、餃子の1/3くらいの高さまで熱湯を注ぐ。ふたをして中火にかけ、5分ほど蒸し焼きにする。水分がなくなったらふたを取り、鍋肌からごま油適量(分量外)を回し入れる。水分が飛んでパチパチと音がしてきたら火を止める。

6. 皿をかぶせてフライパンごとひっくり返して移し、にら醤だれを添える。

中華醤

町中華のチャーハン
レシピ→p.66

大きなチャーシューとふんわり卵のシンプルな具材。
町中華の定番の味を中華醤と少しのしょうゆで再現。

PART 2 アレンジ醤(ひしお)と発酵料理

中華醤

チャーシュー麺
レシピ→p.66

だし汁で中華醤を溶くだけで極うまスープに！
お店のような一杯が手軽に作れます。

[中華醤]

町中華のチャーハン

材料
◎2人分

自家製チャーシュー(p.67参照／
　市販品やハムでも可)……50g
中華醤(p.52参照)……大さじ1
水……大さじ1
米油……大さじ1と1/2
溶き卵……2個分
温かいごはん……300g
しょうゆ……小さじ1
塩、こしょう……各少々
自家製紅しょうが(下右参照／好みで)
　……適量

作り方

1　チャーシューは1cm角に切る。ボウルに中華醤を入れ、分量の水を加えて溶く。

2　フライパンに米油をしいて強火で熱し、溶き卵を流し入れて卵の端がふんわりしたら手早くごはんを加える。木べらでほぐしてフライパンをあおりながら炒め合わせ、**1**のチャーシューを加えて全体がなじむまで炒める。

3　鍋肌からしょうゆを回し入れて手早く混ぜ、次に鍋肌から**1**の水で溶いた中華醤を加え、全体を混ぜながら炒める。しっとりとしたら塩、こしょうで味をととのえる。

4　器に盛り、好みで紅しょうがをのせる。

自家製紅しょうが
材料と作り方
◎作りやすい分量

清潔な保存容器に新しょうが(せん切り／根しょうがでも可)100g、梅酢約160mlを入れてふたをし、冷蔵庫でひと晩漬ける。
冷蔵で1年ほど保存可能。

[中華醤]

チャーシュー麺

材料
◎1人分

中華生麺……1玉(120g)
だし汁(煮干しだしやあごだし／濃いめにとる)
　……400ml
中華醤(p.52参照)……大さじ3
しょうゆ……小さじ1と1/2
塩……小さじ1/2
自家製チャーシュー(p.67参照)……2切れ
長ねぎ(小口切り)、メンマ……各適量
ゆで卵(殻をむいて半分に切る)……1/2個
白こしょう……少々
ごま油……大さじ1/2

作り方

1　鍋に湯を沸かし、中華生麺を袋の表示どおりにゆでる。別の鍋にだし汁を入れて熱々に温める。

2　器に中華醤、しょうゆ、塩を入れ、**1**のだし汁を加えてよく混ぜる。

3　**1**の麺の湯をきって**2**に入れ、チャーシュー、長ねぎ、メンマ、ゆで卵をのせ、こしょうをふってごま油を垂らす。

自家製チャーシュー

しょうゆ醤と玉ねぎ醤ベースのたれに漬けて
オーブンでじっくり低温焼きに。

漬ける
ひと晩〜ふた晩

材料
◎作りやすい分量

豚ロースかたまり肉
　（または豚ももかたまり肉）……300g
塩、こしょう……各少々
焼肉のたれ（下記参照）……大さじ3

作り方

1. 豚肉はペーパータオルで水けを拭き取り、全体に塩、こしょうをふる。ポリ袋に入れて焼肉のたれを加え、袋の上からもみ込み、空気を抜いて口を結んで冷蔵庫でひと晩〜ふた晩漬ける。

2. 調理の1時間ほど前に1を冷蔵庫から出して室温に戻す。袋の口を開いて[a]豚肉を取り出し、オーブンシートを敷いた天板にのせる。100℃のオーブン（予熱なし）で1時間焼き、そのまま庫内で冷まして好みの厚さに切る[b]。

焼肉のたれ
材料と作り方
◎作りやすい分量

清潔な保存容器に、**しょうゆ醤**(p.14参照)、**玉ねぎ醤**(p.15参照)、みりん各大さじ2、しょうゆ大さじ1、にんにく（すりおろし）1かけ分を入れてふたをし、よくふって混ぜる。
冷蔵で1か月ほど保存可能。

PART 2　アレンジ醤(ひしお)と発酵料理

67

中華醤

炊飯器カオマンガイ

鶏むね肉を中華醤で漬けてから炊飯器へ。
ごはんと一緒にしっとり炊き上げるほったらかし調理です。

漬ける
30分〜ひと晩

材料
◎2人分

鶏むね肉……1枚(約300g)
中華醤(p.52参照)……大さじ3
米(研いでざるに上げる)……2合
長ねぎの青い部分……1本分
酒……大さじ1

たれ
中華醤(p.52参照)……大さじ2
オイスターソース……大さじ1
ごま油……大さじ1
米酢……小さじ2
ナンプラー……小さじ2
甘酒(市販)……小さじ1

パクチー(ざく切り)、きゅうり(斜め薄切り)、
トマト(くし形切り)……各適量

作り方

1 鶏肉は皮を除き、ペーパータオルで水けを拭き取る。ポリ袋に入れて中華醤を加え、袋の上からもみ込み、口を結んで冷蔵庫で30分〜ひと晩漬ける。

2 炊飯器の内釜に米を入れ、2合の目盛りより少し少なく水を加える。1の鶏肉、長ねぎの青い部分、酒を加えてサッと混ぜ、普通に炊く。

3 たれを作る。ボウルにたれの材料をすべて入れて混ぜる。

4 2が炊き上がったら鶏肉と長ねぎの青い部分を取り出し、ごはんをさっくりと混ぜる。鶏肉を1cm厚さのそぎ切りにし、ごはんとともに器に盛り、パクチー、きゅうり、トマトを添えて3をかける。

中華醤
チンゲンサイと卵の炒め物

中華醤をきかせた、ごはんがすすむしっかり味の炒め物。
紅しょうががいいアクセントに。

PART 2 アレンジ醤(ひしお)と発酵料理

材料
◎2人分

きくらげ(乾燥) …… 5個
チンゲンサイ …… 1/2束
玉ねぎ …… 1/2個
A[溶き卵 …… 1個分
　 中華醤(p.52参照) …… 小さじ1
米油 …… 小さじ1
ごま油 …… 小さじ1
中華醤(p.52参照) …… 大さじ1と1/2
自家製紅しょうが(p.66参照／市販でも可)
　…… 適量
かつお削り節 …… 適量

作り方

1　きくらげは水に30分ほどつけて戻し、食べやすい大きさに切る。チンゲンサイは根元を切り落として食べやすい長さに切り、玉ねぎは1cm幅のくし形に切る。ボウルにAを入れて混ぜ合わせる。

2　フライパンに米油をしいて中火で熱し、1の合わせたAを一気に流し入れてゴムべらで手早く混ぜ、半熟状になったらすぐに取り出す。

3　2のフライパンをきれいにしてごま油をしき、中火で熱する。1の残りの材料を入れてサッと炒め合わせ、中華醤を加えて混ぜる。2を戻し入れて紅しょうがを加え、全体を炒め合わせる。器に盛り、かつお削り節を細かくもんでのせる。

中華醤

中華粥

ほたてと醤のうまみをギュッと凝縮。
シンプルで味わい深く
食欲がないときにもおすすめです。

材料
◎2人分

米(研いでざるに上げる) …… 1/2合
水 …… 600mℓ
ほたて水煮缶(缶汁ごと) …… 80g
中華醤(p.52参照) …… 大さじ3

作り方

鍋にすべての材料を入れて中火にかける。沸騰したら弱火にし、ふたを少しずらしてのせて30分煮る。途中、木べらで数回かき混ぜる。

エリンギのナムル

さっとゆでたエリンギを和えるだけ。

材料
◎2人分

エリンギ …… 2本
A ┌ **中華醤**(p.52参照) …… 大さじ2
　└ ごま油 …… 大さじ1/2

作り方

1 エリンギは長さを半分に切って縦薄切りにし、熱湯で1分ゆでてざるにとって冷ます。

2 ボウルにAを入れて混ぜ合わせ、1を加えてよく和える。

きゅうりとささみの中華和え

好みできくらげを加えてもおいしい。

材料
◎2人分

きゅうり …… 1本
鶏ささみ(筋を取る) …… 2本(80g)
A ┌ **中華醤**(p.52参照) …… 大さじ2
　│ ごま油 …… 大さじ1/2
　└ 米酢 …… 小さじ1
白いりごま …… 適量

作り方

1 きゅうりは5cm長さの細切りにする。ささみは熱湯で3分ゆでて火を止め、そのまま10分おいてざるにとり、粗熱をとって食べやすい大きさに裂く。

2 ボウルにAを入れて混ぜ合わせ、1を加えて和える。器に盛り、白いりごまをふる。
きくらげ(乾燥)4個を湯で戻し、せん切りにして加えてもおいしい。

パプリカのナムル

りんご酢でやさしい酸味をつけて。

材料
◎2人分

黄パプリカ …… 1個
A ┌ **中華醤**(p.52参照) …… 大さじ1
　│ ごま油 …… 小さじ1
　└ りんご酢 …… 小さじ1/2

作り方

1 パプリカはヘタと種、ワタを取って縦細切りにし、熱湯で30秒ゆでてざるにとって冷ます。

2 ボウルにAを入れて混ぜ合わせ、水けを拭いた1を加えてよく和える。
白すりごま少々をふってもおいしい。

PART 2

アレンジ醤(ひしお)と発酵料理

COLUMN
基本の醤(ひしお)で作るドレッシング

しょうゆ醤または玉ねぎ醤をベースに、
好みの調味料を加えて混ぜるだけでおいしいドレッシングが作れます。

醤ドレッシングの作り方（4種共通）

清潔な保存容器に材料をすべて入れてふたをし、よくふり混ぜる。
保存：冷蔵で1週間ほど。

しょうゆ醤

バルサミコ ドレッシング

フルーティーな香りとマイルドな酸味で
どんな野菜もおいしくなります。
肉のソテーや魚介のボイルにかけても。

材料
◎作りやすい分量（約50mℓ分）

バルサミコ酢 …… 大さじ1
オリーブ油 …… 大さじ1
しょうゆ醤(p.14参照) …… 小さじ2
はちみつ …… 小さじ1/3
塩 …… ひとつまみ

アンチョビ ドレッシング

野菜と好相性のアンチョビで
うまみが増して主役サラダに。
和え物やパスタにも使えます。

材料
◎作りやすい分量（約50mℓ分）

レモン汁 …… 大さじ1
オリーブ油 …… 大さじ1
しょうゆ醤(p.14参照) …… 小さじ2
アンチョビペースト …… 小さじ1/2

玉ねぎ醤

イタリアン ドレッシング

白ワインビネガーでさわやかに。
トマトやモッツァレラチーズ、
豆腐や玉ねぎを使ったサラダにも。

材料
◎作りやすい分量（約50mℓ分）

白ワインビネガー …… 大さじ1
オリーブ油 …… 大さじ1
玉ねぎ醤(p.15参照) …… 小さじ2
塩 …… ひとつまみ

ごま ドレッシング

濃厚なごまと玉ねぎ醤は好相性。
コクうまの味わいで、鍋のつけだれや
肉料理にもおすすめです。

材料
◎作りやすい分量（約50mℓ分）

りんご酢 …… 大さじ1
白ねりごま …… 大さじ1
玉ねぎ醤(p.15参照) …… 小さじ2
はちみつ …… 小さじ1/3
塩 …… ひとつまみ

発酵マヨネーズを使って

HAKKO MAYONNAISE

PART 2 アレンジ醤(ひしお)と発酵料理

[発酵マヨネーズ]

えびマヨ

えびにサクふわ衣をまとわせて
発酵マヨソースをたっぷりからめます。

材料
◎2人分

えび(無頭/殻つき)……150g
片栗粉……大さじ1
A ┌ 卵白……1個分
　├ 薄力粉……大さじ3
　├ 水……大さじ1
　└ 塩……小さじ1/3
B ┌ 発酵マヨネーズ(p.53参照)……60g
　├ トマトケチャップ……小さじ1/2
　└ はちみつ……小さじ1/3
米油……適量
フリルレタス(好みで)……適量
パプリカパウダー(あれば)……少々

作り方

1 えびは殻をむいて背ワタを取り、ボウルに入れて片栗粉と水少々をふってもみ込む。流水で洗って汚れを落とし、ペーパータオルで水けを拭き取る。

2 ボウルにAを入れて混ぜ合わせ、衣を作る。別のボウルにBを入れて混ぜ合わせ、マヨソースを作る。

3 フライパンに米油を1cm深さに入れて中火にかけ、170℃に熱する。2の合わせたAに1をくぐらせて入れ、両面をこんがりするまで揚げ焼きにする[a]。

4 熱いうちに2のマヨソースに入れて和える[b]。器に盛り、好みでフリルレタスを添え、あればパプリカパウダーをふる。

a　b

タルタルソース
材料と作り方
◎作りやすい分量

1. きゅうり1/2本は薄い小口切りにして塩少々をもみ込み、水けを絞る。紫玉ねぎ1/2個はみじん切りにし、ゆで卵1個は殻をむいてフォークの背で細かくつぶす。
2. ボウルに1、発酵マヨネーズ(p.53参照)150g、塩、こしょう各少々を入れてよく混ぜる。

チキン南蛮

タルタルに発酵マヨ、鶏肉の漬けだれに玉ねぎ醤、
甘酢にバルサミコ酢を使った発酵づくしの一品です。

材料
◎2人分

鶏もも肉……1枚(約300g)
塩、こしょう……各少々
玉ねぎ醤(p.15参照)……大さじ1と1/2
片栗粉……適量
揚げ油……適量

甘酢
ホワイトバルサミコ酢……大さじ2
りんご酢大さじ2＋はちみつ小さじ1でも可。
しょうゆ……小さじ1/2
塩……ひとつまみ

タルタルソース(上記参照)……適量

作り方

1. 鶏肉は皮を除き、ペーパータオルで水けを拭き取り、横半分に切る。バットに並べて両面に塩、こしょうをふり、スプーンで玉ねぎ醤を塗って片栗粉をしっかりまぶす。
2. フライパンに揚げ油を3cm深さに入れて中火にかけ、170℃に熱する。1を入れてときどき上下を返しながら、鶏肉に火が通るまでじっくり揚げ焼きにする。
3. 甘酢を作る。ボウルに甘酢の材料をすべて入れて混ぜ合わせ、2を熱いうちに加えて甘酢をしっかりしみ込ませる。
4. 食べやすい大きさに切って器に盛り、タルタルソースをかける。

PART 2 アレンジ醤（ひしお）と発酵料理

材料
◎2人分
- りんご（芯を除く）……1/8個
- レーズン……大さじ1
- ミックスナッツ（無塩／ロースト）……5〜6粒
  ここではアーモンドとカシューナッツを使用。
- 鯖の水煮缶（缶汁をきる）……70g
- A ┌ 発酵マヨネーズ（p.53参照）……大さじ2
    │ 塩……小さじ1/2
    └ 粗びき黒こしょう……少々
- バゲット（スライス）……適量

作り方
1 りんご、レーズン、ミックスナッツはみじん切りにする。
2 ボウルに1、鯖の水煮缶、Aを入れて、鯖をほぐしながらよく混ぜる。器に盛り、バゲットを添える。

[発酵マヨネーズ]

鯖（さば）のリエット

鯖缶をほぐして混ぜるだけの簡単おつまみ。
りんごやナッツを発酵マヨでまとめます。

77

発酵ケチャップを使ったトマト

PART 2 アレンジ醤(ひしお)と発酵料理

発酵ケチャップ
ミートボール

バルサミコ酢をきかせた甘酸っぱくて上品なケチャップソースに、
ミートボールをからめます。

材料
◎2人分

A
- 豚ひき肉……300g
- 玉ねぎ(みじん切り)……1/2個分
- 溶き卵……1/2個分
- 塩……ひとつまみ
- こしょう……少々

米油……適量

ケチャップソース
発酵ケチャップ(p.53参照)……大さじ6
しょうゆ……小さじ2
バルサミコ酢……小さじ2
水……大さじ2
はちみつ……小さじ2

作り方

1 ボウルにAを入れて粘りが出るまで手でよく混ぜる。

2 手に米油少々を塗り、1を14等分して丸める(1個約30g)[a]。

3 フライパンに米油を4cm深さに入れて中火にかけ、170℃に熱する。2を入れてときどき転がしながら肉に火が通るまで揚げ焼きにする[b]。

4 ケチャップソースを作る。鍋に材料をすべて入れて中火にかけ、木べらで混ぜながらひと煮立ちさせる。3を加えてよくからめる[c]。

発酵ケチャップ

ポークチョップ

赤ワインでコクが増した濃厚なソースと豚肉がよく合う、
リッチな味わいのひと皿です。

材料
◎2人分

豚ロース肉(しょうが焼き用)…… 200g
塩、こしょう…… 各少々
玉ねぎ…… 1/2個
米油…… 大さじ1
A ┌ 発酵ケチャップ(p.53参照)…… 大さじ3
　├ 赤ワイン…… 大さじ2
　└ しょうゆ…… 大さじ1/2
ベビーリーフ(好みで)…… 適量

作り方

1. 豚肉はペーパータオルで水けを拭き取り、塩、こしょうをふる。玉ねぎは縦1.5cm幅に切る。

2. フライパンに米油をしいて中火で熱し、豚肉を入れて両面に焼き色がつくまで焼いていったん取り出す。

3. 2のフライパンに1の玉ねぎを入れて中火で炒める。半透明になったら2の豚肉を戻し入れ、Aを加えて豚肉にからめるように炒め合わせる。器に盛り、好みでベビーリーフを添える。

[発酵ケチャップ]

チリコンカン

発酵ケチャップで味に深みをつければ風味もアップ。
フレッシュなレタスと相性抜群です。

材料
◎2人分

- 合いびき肉 …… 100g
- 塩 …… 適量
- こしょう …… 少々
- オリーブ油 …… 大さじ1
- クミンシード …… 小さじ1
- 玉ねぎ(みじん切り) …… 1/2個分
- にんにく(みじん切り) …… 1かけ分
- ミックスビーンズ(水煮/水けをきる) …… 100g
- A
  - カットトマト缶 …… 170g
  - 水 …… 50mℓ
  - ローリエ …… 1枚
- B
  - **発酵ケチャップ**(p.53参照) …… 大さじ3
  - チリパウダー …… 大さじ1
  - 塩 …… 大さじ1/3
  - ピスタチオ(殻なし/ロースト) …… 適量
- 粗びき黒こしょう …… 適量
- レタス …… 適量

作り方

1. ボウルにひき肉を入れ、塩少々、こしょうをふって軽く混ぜる。

2. フライパンにオリーブ油とクミンシードを入れて弱火にかけ、チリチリと音がしてきたら玉ねぎ、塩ひとつまみを加えて炒める。玉ねぎが半透明になったらにんにく、**1**を加えて中火にし、ひき肉に火が通るまで炒める。

3. ミックスビーンズ、**A**を加えて煮立て、さらに5分煮詰めて**B**を加えて混ぜる。器に盛り、黒こしょうをふってレタスを添える。レタスで包んで食べる。

PART 2 アレンジ醤(ひしお)と発酵料理

発酵カレールー を使って

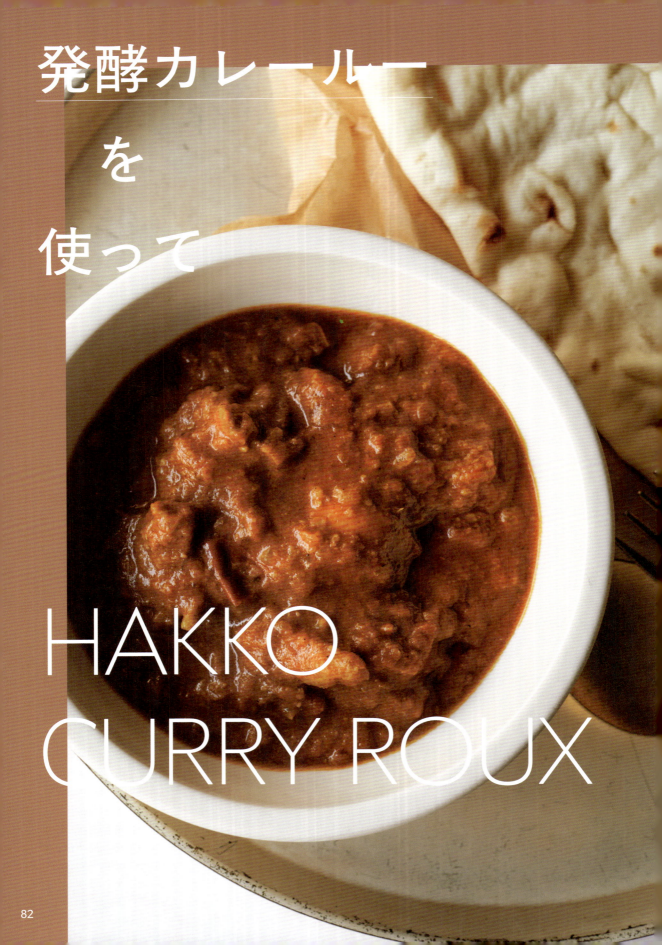

HAKKO CURRY ROUX

PART 2 アレンジ醤(ひしお)と発酵料理

発酵カレールー

バターチキンカレー

鶏肉の漬け込みはヨーグルトを使わず発酵カレールーのみ。
醤の発酵パワーで肉もカレーもうまみが増します。

漬ける
30分〜ひと晩

材料
◎2人分

- 鶏もも肉 …… 1枚(約300g)
- 塩 …… 適量
- こしょう …… 少々
- **発酵カレールー**(p.53参照) …… 大さじ4
- オリーブ油 …… 大さじ1
- 玉ねぎ(みじん切り) …… 1/2個分
- にんにく(みじん切り) …… 1かけ分
- しょうが(みじん切り) …… 1かけ分
- カットトマト缶 …… 200g
- A
  - オーツミルク(ほかの植物性ミルクや牛乳でも可) …… 100mℓ
  - バター …… 20g
  - 塩 …… 小さじ1/2
  - はちみつ …… 小さじ1〜
- ナン(市販) …… 2枚

作り方

1. 鶏肉は皮を除き、ペーパータオルで水けを拭き取り、大きめのひと口大に切って塩少々、こしょうをふる。ポリ袋に入れて発酵カレールー大さじ1を加え、袋の上からもみ込み、口を結んで[a]冷蔵庫で30分〜ひと晩漬ける。

2. フライパンにオリーブ油をしいて中火で熱し、玉ねぎ、塩ひとつまみを入れて炒める。水分が出てきたらにんにく、しょうがを加えてさらに炒める。

3. 1を漬けだれごと加えて肉の色が変わるまで炒め[b]、ふたをして弱めの中火で5分蒸し焼きにする。

4. 残りの発酵カレールーを加え[c]、カットトマト缶を缶汁ごと加えて混ぜる。全体がなじんだらAを加えてよく混ぜ、煮立ったら[d]火を止める。

5. 器に盛り、ナンを添える。

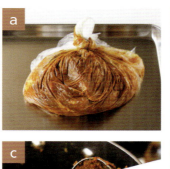

a b

発酵カレールー

野菜のビリヤニ

発酵カレールーで炒めた野菜を味のベースにして炊き上げます。
スパイスが香るひと皿で大満足のごちそうです。

材料
◎2人分

バスマティライス …… 200g
玉ねぎ …… 1/2個
ブラウンマッシュルーム …… 3個
ししとうがらし …… 3本
赤・黄パプリカ …… 各1/4個
パクチー …… 1束
オリーブ油 …… 大さじ1
にんにく(すりおろし) …… 1かけ分
しょうが(すりおろし) …… 1かけ分
塩 …… 適量

A ┌ プレーンヨーグルト …… 80g
　│ カットトマト缶(缶汁ごと) …… 50g
　│ 発酵カレールー(p.53参照) …… 大さじ2
　└ 塩 …… 小さじ1/2

水 …… 1.2ℓ
シナモンパウダー …… 少々
カシューナッツ(ロースト／粗みじん切り) …… 15g
紫玉ねぎ(好みで／薄切り) …… 適量
フライドオニオン(好みで) …… 適量

PART 2 アレンジ醤(ひしお)と発酵料理

c d

作り方

1. バスマティライスは折れないようにやさしく洗い、30分以上浸水させてざるに上げる。

2. 玉ねぎとマッシュルームは縦薄切り、ししとうはヘタと種を取って1cm幅の小コ切り、パプリカは縦5mm幅に切って横半分に切り、パクチーはざく切りにする。

3. 鍋にオリーブ油をしいて中火で熱し、2の玉ねぎを入れて焼きつけるように炒める。焼き色がついたらにんにく、しょうがを加えて炒め、香りが立ったら2のマッシュルーム、ししとう、パプリカ、塩ひとつまみを加えてしんなりするまで炒める。

4. Aを加えてよく混ぜ合わせ、2〜3分煮て火を止め、上に2のパクチー1/3量を広げてのせる。

5. 別の鍋に分量の水を入れて中火にかけ、沸騰したら塩大さじ1、1、シナモンパウダーを入れてよく混ぜる。煮立ったら3分ゆでてざるにとり、水けをきる。

6. 4の上に5を広げてのせてふたをし、極弱火にかけて15分炊く。火を止めてふたを取り、カシューナッツを散らしてすぐふたをし、10分蒸らす。

7. ふたを取り、しゃもじで鍋底からすくって[a]全体をよく混ぜる[b]。器に盛り、好みで紫玉ねぎをのせてフライドオニオンを散らし、残りのパクチーを飾る[c]。混ぜながらいただく[d]。

発酵バジルソースを使って

HAKKO BASIL SAUCE

PART 2 アレンジ醤(ひしお)と発酵料理

発酵バジルソース
ガパオライス

具材を炒めて火を止めてから発酵バジルソースを加え、
和えながら香りをふわっと引き出します。

材料
◎2人分

オリーブ油……適量
鶏むねひき肉……250g
塩……ひとつまみ
赤パプリカ(粗みじん切り)……1/4個分
ナンプラー……大さじ1
発酵バジルソース(p.53参照)
　……大さじ1と1/2
温かいごはん……適量
卵……2個
パクチー……適量

作り方

1. フライパンにオリーブ油大さじ2をしいて中火で熱し、ひき肉、塩を入れて炒める。肉の色が変わったらパプリカを加えてサッと炒め[a]、ナンプラーを加えて全体を炒め合わせて火を止め、発酵バジルソースを加えてよく混ぜる[b]。

2. 器にごはんを盛り、1をかける。

3. 1のフライパンをきれいにして、オリーブ油大さじ1強をしいて中火で熱し、卵を割り入れる。白身のまわりがカリッとして黄身が半熟状になったら2にのせ、パクチーを添える。

[発酵バジルソース]

じゃがいもとアスパラの炒め物

発酵バジルソースとバターのコクを生かして
シンプルに仕上げるおつまみです。

材料
◎2人分

じゃがいも……2個
グリーンアスパラガス……3本
バター……10g
オリーブ油……小さじ1
塩、粗びき黒こしょう……各少々
発酵バジルソース(p.53参照)……大さじ2

作り方

1. じゃがいもは皮をむき、8mm幅の半月切りにする。アスパラガスは根元のかたい部分を落として、下から1/4までの皮をむき、食べやすい長さに切る。

2. フライパンにバター1/2量とオリーブ油を入れて中火で熱し、1のじゃがいもとアスパラガスの下の部分を入れて炒める。じゃがいもに火が通ったら、残りのアスパラガス、塩、黒こしょうを加えて炒め合わせる。

3. 残りのバターと発酵バジルソースを加えサッと炒める。

PART 2 アレンジ醤(ひしお)と発酵料理

発酵バジルソース

マッシュルームとズッキーニ、パルミジャーノのサラダ

フレッシュなマッシュルームとズッキーニに、
発酵バジルソースのドレッシングを合わせて濃厚リッチに。

材料
◎2人分

ズッキーニ …… 1/2本
ホワイトマッシュルーム …… 5個
A ┌ 発酵バジルソース(p.53参照)
  │   …… 大さじ1
  │ オリーブ油、レモン汁 …… 各小さじ1
  └ 水 …… 小さじ1
塩 …… 少々
パルミジャーノ・レッジャーノ …… 適量
粗びき黒こしょう …… 少々

作り方

1 ズッキーニはスライサーで薄い輪切りにし、マッシュルームは石づきがあれば除いて包丁で縦薄切りにする。

2 ボウルにAを入れてよく混ぜ合わせ、小さじ1くらいを器に塗り広げる。

3 上に1のズッキーニ、マッシュルームを交互に円を描くように並べて重ね、塩をふって残りのAを回しかける。チーズをたっぷりすりおろし、黒こしょうをふる。

COLUMN
自家製佃煮と梅醤(びしお)

「食べる醤」としても楽しめる2種の発酵調味料。
冷蔵庫にあれば
パパッとひと品作れて時短にも。

自家製佃煮

発酵調味料でさっと煮るのりの佃煮。

材料と作り方
◎作りやすい分量

鍋にちぎったのり(半切り)3枚と水100mlを入れ、よく混ぜてのりをざっと溶かす。**しょうゆ醤**(p.14参照)大さじ2、しょうゆ、本みりん各大さじ1、かつお削り節1gを加えて弱めの中火にかけ、全体を混ぜながら加熱する。のりが溶けてとろりとしたら火を止め、そのまま冷ます。清潔な容器に入れてふたをし、冷蔵庫で保存する。作ってすぐに食べられる。

保存:冷蔵で1週間ほど。

[自家製佃煮]
のりパスタ

オリーブ油と合わせてパスタソースに。

材料と作り方
◎2人分

鍋に湯を沸かして塩適量を入れ、スパゲッティ160gを加えて袋の表示どおりにゆでる。ボウルに自家製佃煮大さじ2、オリーブ油大さじ1、塩ひとつまみを入れてよく混ぜ合わせ、湯をきったスパゲッティを加えて和える。器に盛り、せん切りにした大葉適量をのせる。

[自家製佃煮]
焼き鳥

みょうがをたっぷりかけてどうぞ。

材料と作り方
◎2人分

鶏もも肉1枚(約300g)はペーパータオルで水けを拭き取り、小さめのひと口大に切って竹串に3～4切れずつ刺す(全部で4本作る)。オーブンシートを敷いた天板にのせて塩少々をふり、180℃に予熱したオーブンで15分焼く。器に盛り、自家製佃煮適量をのせて、みじん切りにしたみょうが3本分を散らす。

梅醤

たたいた梅干しと梅酢を加えて発酵。

材料と作り方
◎作りやすい分量

清潔な容器にひしお麹30g、梅酢（または米酢）30㎖、種を除いて包丁でたたいた梅干し（塩と梅だけで作られたもの）100gを入れ、清潔なスプーンでよく混ぜる。ふたをして直射日光を避けた室温におき、1日1回よく混ぜる。暑い時期は7日ほど、寒い時期は最長14日ほどおいて発酵させ、麹がやわらかくなれば完成。冷蔵庫に移して保存する。

保存：冷蔵で6か月ほど。はちみつ入りや減塩の梅干しを使う場合は保存期間が短くなる。

| 梅醤 |

巻き寿司

梅と相性のいいきゅうりと長いもを巻いて。

材料と作り方
◎2本分

1. きゅうり½本は縦4等分に切り、長いも50gは皮をむいてスライサーでせん切りにする。耐熱皿に米酢大さじ1と½、甘酒（濃縮／市販）大さじ1を入れ、ラップをかけずに電子レンジで1分加熱してよく混ぜる。ボウルに入れた温かいごはん1合分にまぶし、しゃもじで切るようにして混ぜて酢飯を作る。

2. 巻きすに焼きのり（全形）1枚を広げ、1の酢飯½量をのせて均一に広げる。真ん中に**梅醤**大さじ1を塗り、きゅうり2切れ、長いも½量をのせて白いりごま適量を散らし、手前から巻きすを持ち上げて巻く。もう1本も同様に作り、水でぬらした包丁で食べやすく切る。

| 梅醤 |

煮麺
にゅうめん

あとのせの梅醤を溶かしながらいただきます。

材料と作り方
◎2人分

鍋にだし汁（かつお昆布だし）1.2ℓを入れて中火にかけ、しょうゆ大さじ3、本みりん大さじ2、塩小さじ⅓を加えてひと煮立ちさせ、そうめん3束を加えて袋の表示どおりにゆでる。器に汁ごと等分に盛り、**梅醤**を大さじ½ずつのせてかつお削り節適量をかける。

基本の材料

この本のレシピで使用している「ひしお麹(こうじ)」と
おすすめの調味料や油を紹介します。

ひしお麹
しょうゆ醤(p.14)と**玉ねぎ醤**(p.15)で使用。国産の大豆と大麦を使った豆麹と麦麹を１：１でブレンドしたオリジナルの乾燥ひしお麹。豆麹が多いとうまみが増し、麦麹が多いと甘みが強くなるため、同率で配合することで万能調味料として使える絶妙なバランスの味わいに。**アレンジ醤**(p.52・53)のような発酵調味料のほか、スパイスともよく合う。[まろやか ひしおの素]★

しょうゆ
広島県産の丸大豆、香川県産の玄小麦、天然の天日塩を使用し、杉の木桶でじっくり２年熟成させた天然醸造の濃口しょうゆ。しょうゆ本来の香り高く豊かな風味を持ち、**しょうゆ醤**(p.14)に使うと一層おいしくなる。[熟成二年『紫』むらさき]★

みそ
国産の有機丸大豆、米、大麦、塩だけを使用。昔ながらの天然醸造により、微生物の力でじっくり発酵熟成させたみそはうまみたっぷり。加熱殺菌をしていないので、栄養価も高い。[有機合わせ生味噌【有機JAS認証】]★

酢
農薬不使用栽培の玄米と良質の水を使い、酢酸菌の力のみで発酵させる静置発酵で醸造。ゆっくりと長期熟成させたまろやかな酸味と深い味わいが魅力。天然のアミノ酸を豊富に含み、体にもやさしい。[富士 玄米黒酢／飯尾醸造]

調味料の選び方のPOINT

◎ しょうゆ、みそは、微生物の力で発酵させている「天然醸造」のものがおすすめ。なかでも木桶仕込みは、木桶につく多様な菌が複雑な味や香りを生み出し、料理に使うと奥行きのある味わいになる。

◎ 酢は伝統的な「静置発酵」や「壺造り」で仕込まれた米酢や黒酢、油は「圧搾製法」のピュアなものを選んで。

★の[神楽坂発酵美人堂]商品は通販サイトで購入可能。
https://hakkobijin.base.shop

バルサミコ酢
イタリア産のぶどうから作られた、熟成期間の短いまろやかな琥珀色のバルサミコ酢。ドレッシングやソース、和え物にさわやかな風味とコクを添える。[有機ホワイト バルサミコ・ビネガー／アルチェネロ]

塩
オーストラリア産の天日塩を原料に、浜比嘉島の濃縮海水を使用して焚き上げた塩に「にがり塩」を配合。ミネラル成分も豊富に含む。玉ねぎ醤(p.15)作りはもちろん、普段使いにも。[太陽と風の塩／りんねしゃ]

カレー粉
三十数種類の香辛料を絶妙なバランスでブレンドしたカレー粉。これひとつで本格的なスパイスカレーが作れるので発酵カレールー(p.53)におすすめ。[赤缶カレー粉／エスビー食品]

トマトピューレー
しっかりと裏ごしした約2倍濃縮のなめらかタイプ。トマト本来の酸味とうまみが凝縮しているので、発酵ケチャップ(p.53)に使うとトマトの風味を感じる上品な味に。[有機トマトピューレー／アルチェネロ]

米油
自然な製法で搾った国産の米ぬかと米胚芽の豊富な栄養分が凝縮。マイルドでクセがないので、素材の味を生かしたい料理に。[圧搾一番搾り 国産こめ油／築野食品工業]

ごま油
伝統製法「玉締め搾り」でごまをゆっくりと低圧力で搾ったごま油。ごま本来の味わいがギュッと凝縮されていて風味も豊か。[玉締めしぼり胡麻油 深煎り／松本製油]

オリーブ油
樹齢100年のオリーブを収穫し、すぐに低温圧搾法で搾って瓶詰めしたフレッシュなおいしさが楽しめる希少なオイル。[スペイン産エクストラヴァージンオリーブオイル／CLOS DE LA TORRE]★

材料別 INDEX

肉・加工品

[牛肉]
牛切り落とし肉 ———————— 24,34
牛ステーキ肉 ———————————— 22
牛もも肉 ———————————————— 26

[豚肉]
豚バラ薄切り肉 ————————————— 59
豚ひき肉 ———————————————— 79
豚ももひき肉 ———————————— 63
豚ロースかたまり肉 ————— 35,67
豚ロース肉（しょうが焼き用）—— 80
豚ロース肉（とんかつ用）———— 17

[鶏肉]
鶏ささみ ———————————————— 70
鶏手羽中 ———————————————— 60
鶏手羽元 ———————————————— 56
鶏むね肉 ————————————— 19,68
鶏むねひき肉 ———————————— 87
鶏もも肉 ———— 31,50,55,76,83,90

[合いびき肉]
合いびき肉 ———————— 21,49,81

[加工品]
ウインナーソーセージ ————— 41

魚介・加工品

[魚介]
あさり ———————————————— 37
いか ——————————————— 30,37,61
えび・むきえび ————— 30,37,75
白身魚（めかじきなど）———— 32
たこ ————————————————— 57
生鮭 ————————————————— 28

[加工品]
アンチョビペースト ————— 46,73
かつお削り節 ——— 37,48,69,90,91
昆布 ————————————————— 14
鯖の水煮缶 ———————————— 77

ちくわ ————————————————— 45
のり ———————————————— 90,91
干しえび ——————————— 37,52
ほたて水煮缶 ———————————— 70

野菜・きのこ・ハーブ・スパイス・加工品

[野菜]
赤かぶ ———————————— 19,32
大葉 ————————————————— 90
きゅうり ———— 45,68,70,76,91
グリーンアスパラガス ———— 88
小松菜 ———————————————— 49
さやいんげん ———————— 32,34
ししとうがらし ——————— 31,84
じゃがいも ———— 21,28,34,41,88
しょうが・新しょうが —— 17,24,52,66,83,84
ズッキーニ ———————————— 89
大根 ——————————————— 25,56
玉ねぎ ———— 15,21,24,30,34,35,37,50,
59,69,79,80,81,83,84
チンゲンサイ ———————————— 69
トマト・ミニトマト ——— 24,46,47,68
長いも ———————————— 61,91
長ねぎ・長ねぎの青い部分 —— 52,59,66,68
なす ————————————————— 49
にら ——————————————— 30,59
にんじん ———————————— 34,38
にんにく ——— 26,29,32,33,37,38,41,52,
53,67,81,83,84
白菜 ——————————————— 59,63
パプリカ（赤・黄）—— 19,35,37,70,84,87
ピーマン ——————— 35,37,38,46
ほうれん草 ———————————— 43
みょうが ———————————————— 90
紫玉ねぎ ———————————————— 76
もやし ————————————————— 59
レタス・フリルレタス ————— 75,81
れんこん ———————————————— 19

[きのこ]
えのきたけ ———————————— 59
エリンギ ———————————————— 70
生しいたけ ———————————— 25
まいたけ ———————————————— 38
マッシュルーム（ブラウン・ホワイト）—— 84,89

[ハーブ]
タイム ……………………………………… 19
ディル ………………………………… 19,45
パクチー …………………………… 68,84,87
バジル ………………………………… 47,53
パセリ・イタリアンパセリ ……… 37,41,57

[スパイス]
カレー粉 ………………………………… 53
クミンシード …………………………… 81
シナモンパウダー …………………… 53,84
チリパウダー …………………………… 81
ナツメグ …………………………… 21,28
八角 ……………………………………… 26

[加工品]
きくらげ(乾燥) ………………………… 69
切り干し大根 …………………………… 61
トマト缶(カット・ホール) … 33,37,81,83,84
トマトケチャップ ……………………… 75
トマトピューレ ………………………… 53
干ししいたけ(スライス) ……………… 48
ミックスドライハーブ ……………… 38,47
結びしらたき …………………………… 34
メンマ …………………………………… 66
ローリエ ……………………… 26,33,56,81

果物・加工品
[果物]
柿 ……………………………………… 44
パイナップル …………………………… 35
りんご …………………………… 17,52,77
レモン・レモン汁 ……… 37,55,57,73,89

[加工品]
梅酢 ………………………………… 66,91
梅干し …………………………………… 91
レーズン ………………………………… 77

豆・加工品
[豆]
ミックスビーンズ(水煮) ……………… 81

[加工品]
油揚げ …………………………………… 49
豆腐(絹ごし・木綿) ……… 19,44,46,59
無調整豆乳 ……………………………… 53

緑豆春雨 ………………………………… 38

ナッツ＆種実・加工品
[ナッツ＆種実]
カシューナッツ(ロースト) …………… 84
白ごま(すり・いり・ねり) … 44,60,70,73
ピスタチオ(殻なし／ロースト) ……… 81
松の実 …………………………………… 53
ミックスナッツ(無塩／ロースト) …… 77

[加工品]
ブラックオリーブ(種なし／塩漬け) … 46

卵・乳製品
[卵]
卵・溶き卵 …… 21,22,25,30,50,66,69,79,87
ゆで卵 ……………………………… 56,66,76
卵白 ……………………………………… 75

[乳製品]
牛乳 ………………………………… 28,32
粉チーズ ………………………………… 22
サワークリーム ………………………… 41
シュレッドチーズ ……………………… 28
生クリーム ……………………………… 41
バター …………………… 21,29,32,41,83,88
パルミジャーノ・レッジャーノ …… 29,89
プレーンヨーグルト ………………… 45,84

米＆米加工品・粉物・雑穀加工品
[米＆米加工品]
温かいごはん …………………… 50,66,87,91
甘酒 ……………………………… 52,68,91
米 ………………………………… 29,37,68,70
バスマティライス ……………………… 84

[粉物]
餃子の皮 ………………………………… 63
スパゲッティ ………………………… 33,90
そうめん ………………………………… 91
中華生麺 ………………………………… 66
ナン ……………………………………… 83
バゲット ………………………………… 77

[雑穀加工品]
オーツミルク …………………………… 83

清水紫織
Shiori Shimizu

発酵料理研究家。発酵料理教室「神楽坂発酵美人堂」主宰。日本ソムリエ協会認定ソムリエ。妊娠をきっかけに自身のアレルギーについて学ぶなかで、腸内環境を整える大切さに気づき、発酵食品の素晴らしいパワーを知る。東京農業大学醸造科学科の科目等履修生として学びながら、2015年発酵料理専門の料理教室と食品ブランド「神楽坂発酵美人堂」を立ち上げる。「これなら出来る」をモットーに発酵料理と発酵文化の魅力を伝え、これまで述べ2000人の生徒を指導。丁寧で簡単なレシピが評判を呼び、キャンセル待ちが出るほどの人気教室に。また「0歳からの腸活」を掲げ、キッズ教室や保育園訪問など食育にも力を注ぐ。著書に『はじめてでも、とびきりおいしくなる！ 発酵料理のきほん』『発酵調味料でつくる からだにいい発酵スープ』（ともに朝日新聞出版）、『"漬けて置く"だけ、おいしく整う 発酵食のストックレシピ』（マイナビ出版）など。

神楽坂発酵美人堂
https://www.hakko-bijindo.com
Instagram @hakko_bijin

撮影
yoshimi

スタイリング
鈴石真紀子

デザイン
小橋太郎 (Yep)

調理アシスタント
玉置幸子

校正
かんがり舎

DTP
天龍社

編集
岩越千帆
若名佳世（山と溪谷社）

撮影協力
UTUWA

醤の発酵料理帖
2025年5月10日　初版第1刷発行

著　者　清水紫織

発行人　川崎深雪
発行所　株式会社　山と溪谷社
　　　　〒101-0051 東京都千代田区神田神保町1丁目105番地
　　　　https://www.yamakei.co.jp/

印刷・製本　株式会社シナノ

● 乱丁・落丁、及び内容に関するお問合せ先
　山と溪谷社自動応答サービス　TEL.03-6744-1900
　受付時間／11:00-16:00（土日、祝日を除く）
　メールもご利用ください。
　【乱丁・落丁】service@yamakei.co.jp
　【内容】info@yamakei.co.jp
● 書店・取次様からのご注文先
　山と溪谷社受注センター　TEL.048-458-3455　FAX.048-421-0513
● 書店・取次様からのご注文以外のお問合せ先
　eigyo@yamakei.co.jp

定価はカバーに表示してあります
落丁・乱丁本は送料小社負担でお取り替えいたします
禁無断複写・転載

©2025 Shiori Shimizu　All rights reserved.
Printed in Japan
ISBN978-4-635-45086-7